国 学 新 读 本

通　书

张文瀚 注说

河南大学出版社

目　录

序

最近一些年来，一股“国学热”的思潮强劲涌动，在文化学界以至于整个社会上，引起了强烈反响。为什么在这样一个社会的大变革时代，在从传统社会向现代社会的转型期，最为传统的国学，却能引起国人的极大兴趣，这的确是一个值得思考和研究的问题。

“国学”作为一个学术文化概念，产生于近代。从渊源上讲，“国学”概念的产生，与“国粹”有些关联，并且是从对抗西学侵入的角度提出来的。今天，中华民族早已是一个独立于世界民族之林的自立自强的民族，全球经济一体化所带来的世界文化的汇合与交融，也早已是历史发展的必然趋势，而在这样的历史大势中，却会有“国学热”的产生，乍一看来，确有不可思议之处。但实际上，国学的当代走红，则与我们今天所处的历史时代有着一定的关系。

随着改革开放的迅速推进，随着市场经济的强劲发展，传统道德受到了强烈冲击，传统文化与现代文化观念的碰撞也日益强烈。于是，如何看待传统文化的问题，就严峻地摆到了国人的面前。传统文化的出路何在，它从何而来，要走向何方，如何对之进行价值重估，一切关心文化问题、有强烈历史责任感的人们，无不把关注的目光投向中国的传统学术。当然，也不排除一些对改革开放和市场经济所带来的冲击无法理解和接受，对现代经济发展对传统道德的亵渎强烈抗议的人们，自然而然地发出向传统文化复归而倡导国学的呼声。总之，不论是出于积极的思考，还是抱着一种向后看的心态，对国学的重视则成了最近十多年来一种普遍的文化选择。

于是，对待"国学热"就需要有一个分析的态度。对于任何一个民族的发展来说，传统文化都是其牢固的根基，是其一切历史的出发点，摒弃传统、甚至全盘否定传统文化，都是幼稚可笑的，不可取的。但一遇到问题就求助于传统，甚至一味狂热地提倡向传统复归，也是走不通的，过去那句常说的"倒退是没有出路的"话，虽说不是什么至理名言，却也还是有些道理的。这些年来，一些地方出现的中小学生，甚至幼儿园小朋友的"读经热"，就是一种值得注意的倾向。国学，毕竟是一种学术，需要有一定的文化基础，有一定的分析批判能力，才能对之进行识读、鉴别而决定其取舍。所以，严格地说，对于国学，尤其是经学，在当代中国，需要的是研究以及在此基础上的批判继承，而不是再像传统社会中那样采取唱诗班的方式，对青少年一代进行无分析地灌输。因此，如何弘扬传统文化，就是一个需要思考的问题。

正是基于以上考虑，为了满足弘扬优秀传统文化的需要，也为了对社会上盲目崇尚读经的风气有所引导，我们组织了这套"国学新读本"丛书，选择一些在中国传统文化中影响较大的国学典籍，对之简明扼要地进行注释，然后在读本前边，用较大篇幅解读该典籍的基本思想文化内涵，评述其在中国文化史上的地位和影响，并对如何阅读该典籍做出读书方法上的引导。通过这样一个较为翔实的导读内容，以批判分析的态度，给青年人的国学典籍阅读提供一个健康的思想导向。根据这样的宗旨，这套丛书，在大的结构上，每本都分为"通说"和"简注"两个部分，"通说"是导读的性质，"简注"在于疏通文字，希望这样的安排，能够为青年朋友和一般社会读者提供一个国学入门的向导。果能如此，也就实现了撰著者和出版者的愿望。

国学所以是国学，就在于它是我们祖国优秀民族文化和民族精神的载体。这些国学典籍包含着民族文化的基因，蕴藏着民族精神的范型。衷心期待这套丛书能够成为广大读者学习国学精华、体认民族精神、继承祖国优秀文化遗产的良师益友。

李振宏

《通书》通说

《通书》是北宋周敦颐所著的一部哲学著作，被认为是“周子传道之书”，在中国儒学发展史上占有重要的地位，对中国传统学术的发展产生了深远的影响。

一　周敦颐生平事略

周敦颐(1017～1073)，字茂叔，号濂溪，世称“濂溪先生”，道州营道(今湖南道县)人。周敦颐原名惇实，主要活动在北宋真宗至神宗时代。景祐三年(1036)，宋仁宗赐濮安懿王允让第十三子名为宗实，后立其为皇子，改名赵曙。嘉祐九年(1064)，赵曙即位，是为英宗。为避宋英宗藩邸旧讳，周惇实改名“惇颐”。南宋时期，为避宋光宗赵惇讳，“惇颐”又常被写作“敦颐”。自此，“周敦颐”之名，便为后世沿用至今。

（一）早期经历

据度正《周敦颐年谱》①，北宋真宗天禧元年（1017）五月五日，周敦颐出生于道州营道县营乐里楼田保（今湖南省道县久佳乡楼田村）。自汉代朝廷封周平王后代于汝南，周氏世代为望族。后人有称周敦颐为“汝南周茂叔”者，便为此故。至周敦颐曾祖父周从远时，始徙营道。周从远曾为五代十国时期南平的武进士，官至马步指挥使②。其子周智强，为人薄视利禄，未举功名。周智强生五子，长子周识，天圣五年（1027）进士，官至汀州上杭（今福建上杭县）令。四子周辅成，大中祥符八年（1015）进士，官至贺州桂岭（在今广西贺州境内）令。五子周辂，亦为进士，官至迪功郎。其他二子皆不仕。周辅成，是周敦颐之父，治平四年（1067）宋神宗即位时，被赐予谏议大夫。周辅成先娶妻唐氏，生子周砺、周章，后不久唐氏去世。周辅成继娶左侍禁郑灿之女，生周敦颐。可见，周敦颐出生于一个诗书仕宦之家。

道县营乐里楼田保，是一个环境优雅之地。周氏的宅第背靠豸岭，前后左右分布有五星土墩。又有溪水萦绕，有如青罗带，溪名濂溪，这里是周敦颐幼年嬉戏玩乐之地。晚年周敦颐寓居庐山时，也把书堂前的溪水命名为濂溪，以示不忘桑梓之情。周敦颐天资聪敏，五岁时即能分别五星墩东西南北中五方，并以五行相配，时人为之称奇。十三岁时，少年周敦颐便表现出与众不同之处，他志趣高远，曾在濂溪上小亭中自在垂钓，吟风弄月，有超凡脱俗之貌。距楼田保十里有月岩洞，洞顶可见青天。如从洞东门或西门

---

① 度正:《周敦颐年谱》，参见周敦颐:《周敦颐集》，中华书局 1990 年版（2009 年重印），第 99～116 页。

② 南平（924～963 年）又称荆南、北楚，为五代十国时期的十国之一，924 年高季兴所建，都城为荆州。963 年，南平归降于宋，国除。

入，仰观洞天，或如满月，或如缺月，别有情致。相传周敦颐十四岁时，在此筑室读书，观洞天景致之奇，悟出了太极阴阳之妙。

十五岁时，周辅成死，周敦颐的人生出现了一场大的转折。周敦颐的舅父龙图阁直学士郑向（郑灿之子），体恤妹妹孀居，外甥尚弱，于是派人接郑氏与周敦颐赴京师开封定居，并对母子二人照顾有加。少年周敦颐品行纯正、好学不倦，展示了少有的轩昂气度。郑向对他爱如己出，甚至给自己儿子命名时用一“惇”字，给周敦颐命名也用“惇”字。据《宋史·郑向传》记载，郑向是大中祥符年间进士，曾任大理评事、蔡州通判，累迁尚书屯田员外郎，知濠州，出任两浙转运副使，知制诰，以龙图阁直学士知杭州等。他曾疏浚漕河，奉旨出使契丹。①《宋史·艺文志》载，郑向曾著《五代开皇纪》三十卷、《两朝实录大事》二卷，修《起居注故事》三卷，可以说是既具政治才能，亦有史才的人物。无论治学或仕途，郑向对周敦颐一生的影响尤为重要。

在郑向的督导之下，通过个人努力，景祐三年（1036），周敦颐二十岁时，便以良好的品行闻名于外，为时人所重。按照宋制，身为龙图阁直学士的郑向，此时可以恩荫诸子，他把这次机会给了外甥周敦颐。由此，朝廷起用周敦颐为试将作监主簿（从九品），周敦颐走上了仕途。不久，在郑向的主持下，周敦颐聘娶了职方郎中（从六品）陆参之女为妻，完成了一件人生大事。然而，同年郑向在知杭州任上去世，葬润州丹徒县（在今江西镇江市内）。景祐四年（1037）七月，母亲郑氏去世，周敦颐遂扶榇南下，葬母于丹徒舅氏郑向墓侧，并在鹤林寺内服丧守孝。

鹤林寺是始建于隋的著名古寺，唐宋时期达于极盛。鹤林寺住持寿涯，是当时高僧。过往文人墨客，常到鹤林寺拜谒盘桓。居

---

① 脱脱等撰：《宋史》卷三百一，中华书局1977年版，第9998页。

丧三年期间，周敦颐夙兴夜寐，饱读经书。伴随着鹤林寺的晨钟暮鼓，这位孜孜好学、尊崇儒家修身治世思想的年青学子，也与佛家学说结下因缘。周敦颐诗文中流露出来的禅学意味，便有可能与鹤林寺生活有关。

这期间，周敦颐与范仲淹结识。当时范仲淹因抨击宰相吕夷简用人失当，被贬谪饶州，后诏移知润州。宝元元年(1038)范仲淹至润州赴任。① 据《周敦颐年谱》，范仲淹曾在过往鹤林寺时，与周敦颐交游。范仲淹是北宋了不起的思想家、军事家、政治家和文学家。《宋史·范仲淹传》说："自古一代帝王之兴，必有一代名世之臣。宋有仲淹诸贤，无愧乎此。……然先忧后乐之志，海内固已信其有弘毅之器，足任斯责，使究其所欲为，岂让古人哉！"②认为宋朝有范仲淹这样的贤人不愧为帝王中兴的朝代了。范仲淹为政言出必行，忧乐天下，有弘毅之器，与古代圣贤相比，也毫不逊色。朱熹不仅服膺范仲淹的功业、才能和道德，称"范文正杰出之才"③，而且敏锐地指出了范仲淹在北宋道学发展史上的特殊地位。有人问朱熹："已前皆衮缠成风俗。本朝道学之盛，岂是衮缠？"宋代道学发展是不是与前代一样，最终处于正理羁绊和缠绕的状态？朱熹回答："亦有其渐，自范文正以来已有好议论。如山东有孙明复，徂徕有石守道，湖州有胡安定，到后来遂有周子程子张子出。"④认为自范仲淹始，道学已有正理明达的议论。这一传统被孙复、石介、胡瑗承继，到后来周敦颐、二程、张轼出，得以弘扬光大。周敦

---

① 方健：《范仲淹评传》附录《范仲淹年谱》，南京大学出版社 2001 版，第 492～493 页。

② 脱脱等撰：《宋史》卷三百一十四，中华书局 1977 年版，第 10294 页。

③ 黎靖德编，王星贤点校：《朱子语类》卷一百二十九，中华书局 1986 年版，第 3088 页。

④ 黎靖德编，王星贤点校：《朱子语类》卷一百二十九，第 3089～3090 页。

颐见到范仲淹时二十二岁，而范仲淹已四十九岁，名满天下。与范仲淹这样的人物交游，“人品甚高，胸怀洒落，如光风霁月。廉于取名而锐于求志，薄于徼福而厚于得民”①的周敦颐受到范仲淹的启发和砥砺是毫无疑问的。

而这一时期，周敦颐也与另一位著名历史人物胡宿相识。《宋史·胡宿传》载，胡宿作扬子县尉时，某年洪水肆虐，无数百姓遭受灭顶之灾，县令无计可施，胡宿奋勇当前，率公私船只拯救，使数千民众免于葬身鱼腹。作宣州通判时，胡宿明察秋毫，决狱释囚，执法公允。② 在仕宦生涯中，胡宿在地方办学校，兴修水利，造福百姓。在庙堂议处朝廷大事，每每切中要害，为朝野所敬服。与范仲淹、胡宿等这些品行出众、政治才能突出的名士交游问学，互相切磋砥砺，自然而然，对青年周敦颐势必产生很大的影响。③

（二）仕宦生涯

康定元年庚辰（1040），周敦颐守孝三年期满，由吏部调任为洪州分宁县（今江西修水县）主簿。自此，他开始踏上地方仕宦道路。

初试决狱　庆历元年（1041），周敦颐时年二十五岁，远赴洪州分宁县，莅任分宁县主簿。县主簿，依据宋制，千户以上的大县置

---

①　脱脱等撰：《宋史》卷四百二十七，第12711页。

②　脱脱等撰：《宋史》卷三百一十八，第10366页。

③　《周敦颐年谱》载，此时周敦颐也遇见了另一位在宋史乃至后世有影响的人物，这就是少年王安石。当时时年十七岁的王安石年少轻狂，不可一世，三次登门拜谒周敦颐而未见，愤愤说：“吾独不可求之六经乎？”以不能向周敦颐问学求教而怒。据梁绍辉考证，此事非真。度正记载王安石访周敦颐未获接见的事情，意在崇周贬王，说明周敦颐与后来王安石的新政无关，一开始就和王安石划清界限。参见梁绍辉《周敦颐评传》，南京大学出版社2011年版，第40页。此处记载未见南宋版《元公周先生濂溪集》所载的《濂溪先生周元公年表》。

县令、主簿、县尉。《宋史·职官志》载"主簿"条："开宝三年，诏诸县千户以上置令、簿、尉；四百户以上置令、尉，令知主簿事；四百户以下置簿、尉，以主簿兼知县事。咸平四年，王钦若言：'川峡县五千户以上请并置簿，自余仍以尉兼。'从之。自后川蜀及江南诸县，各增置主簿。"①朱熹《建宁府建阳县主簿厅记》曾说："县之属有主簿，秩从九品，县一人，掌县之簿书，凡户租之版、出内之会、符檄之委、狱讼之成，皆总而治之，勾检其事之稽违，与其财用之亡失，以赞令治，盖主簿之为职如此。"②可见，周敦颐所任的县主簿，主要掌管出纳官物、文书簿籍，以及征收租税、颁符行檄、决刑狱诉讼等事务。品秩虽不高，但是一县之内主要的行政官吏。

周敦颐博学力行，遇事坚毅果决，初来分宁，便因决狱出名，展示了少有的才华。蒲宗孟《周敦颐墓碣铭》记载，分宁县有一桩疑案，县廷长久拖延，无法审理和判决。周敦颐小试牛刀，一审之下，案子便剖断明白。县中人们甚感惊异，士大夫纷纷交口称赞，认为主簿年纪轻轻，"老吏不如也"，连那些精于狱事、干练机敏的老县吏也有所不及。周敦颐这种才能引起了上司的注意。不久，檄书召周敦颐代行袁州卢溪镇（今江西萍乡市卢溪区）市征事务。周敦颐素来尊师重教，短短的代行职务期间，延请了不少袁州的进士至官府学舍讲学。

庆历四年（1044），官声在外的周敦颐在吏部考察中获得优等。知人善任的江南西路转运使（部使者）向朝廷上奏，举荐周敦颐为南安司理参军。南安军为地方行政机构，建制介于州、县之间，约等于下等州。司理参军属从九品，自宋太宗时始设。《宋史·刑法志》载："自端拱以来，诸州司理参军，皆帝自选择，民有诣阙称冤

① 脱脱等撰：《宋史》卷一百六十七，第3978页。

② 朱熹：《朱文公文集》卷七十七，商务印书馆1936年版，第1425页。

者，亦遣台使乘传按鞫，数年之间，刑罚清省矣。”①《宋史·职官志》：“司理参军掌讼狱勘鞫之事。”②作为州佐之官，司理参军地位重要，主要掌管诉讼、刑狱、勘验、推鞫之事。当时，南安军属江南西路，彭汝励《南安军学记》载：“南安地阻隘，其民贫多讼，学者不满百人。”③这里处偏僻贫瘠之地，交通阻隘，文化落后，民风不古，多起争讼。而南安军也常常因为刑事案件判决不当，被上级屡次驳回重审。甫到南安，周敦颐逐渐显示了治理刑狱之能。

周敦颐深具刑事裁决之才，这在分宁县主簿的位置上已为人所识。更为难得的是，他清楚地认识到刑狱对于施政理民的重要。南安军监狱中关押有一囚犯，依法不当死。时任江南西路转运按察使的王逵，为政严峻苛刻，欲治此囚死罪。王逵作为负责钱粮转运兼有“专举刺官吏之事”的地方行政长官，积威之下，下属官吏无人敢忤逆。然而，独有周敦颐抗辞与辩，据理力争。王逵非常恼怒，坚持要求处决此囚。周敦颐对此极为愤慨，他将记事手板和告身（宋时官员个人的委任状）弃掷于王逵面前，凛然说道：如此杀人逞威、以权压人，这样的官我不干了！用杀人来讨好别人，这样的事情我干不出来！然后愤然离去。转运使王逵虽然粗暴，但也是耿直之人，周敦颐的话使他幡然醒悟，于是免除了这个囚犯的死罪。

周敦颐这种坚持正理、不畏上级威权的做法，不能简单以意气用事来衡量。这是他一贯坚持政治原则的鲜明体现。在《通书·刑第三十六》中，周敦颐这样说：

圣人之法天，以政养万民，肃之以刑。民之盛也，欲动情

---

① 脱脱等撰：《宋史》卷一百九十九，第4972页。

② 脱脱等撰：《宋史》卷一百六十七，第3976页。

③ 曾枣庄、刘琳主编：《全宋文》卷二二〇一“彭汝励六”，上海辞书出版社2006年版，第83页。

胜，利害相攻，不止则贼灭无伦焉。故得刑以治。情伪微暧，其变千状。苟非中正、明达、果断者，不能治也。《讼卦》曰："利见大人"，以"刚得中"也。《噬嗑》曰："利用狱"，以"动而明"也。呜呼！天下之广，主刑者民之司命也。任用可不慎乎？

在周敦颐看来，政事是为了生养民众，刑罚是为了使民众整饬庄重。百姓多欲望，因利害冲突而攻伐争斗，不加制止就会互相贼杀戕害，以至于伦理丧失，所以必须用刑罚加以治理。事实关系隐微不明，变化多端，刑罚的使用和判决不能根据个人私情。执政者必须行为中正，无所偏私，明晓通达事理，行事果决能断，才能治理好政事。这种慎用刑政的做法，伴随着周敦颐仕途生涯的始终。

传学二程　庆历六年(1046)，在南安军司理参军任上，周敦颐结识了大理寺丞兴国县令程珦。此时程珦兼任南安军通判不久，他见到周敦颐气宇轩昂，襟怀飘洒，不同于常人，晤谈之间，便觉周敦颐是通达儒家大道之人。于是，程珦命自己的两个儿子程颢、程颐拜周敦颐为师。这件事情，朱熹曾饶有兴致地对门人说：

濂溪在当时，人见其政事精绝，则以为宦业过人；见其有山林之志，则以为襟袖洒落，有仙风道气，无有知其学者。惟程太中独知之。这老子所见如此，宜其生两程子也。只一时程氏，类多好人。①

少年程颢(时年十五岁)、程颐(时年十四岁)跟从周敦颐求学问道，这成了在宋代理学发展史甚或教育史上一段佳话。二程之名，也与周敦颐紧密联系在一起。程颢"自十五六时，闻汝南周茂叔论道，遂厌科举之业，慨然有求道之志"②，"从汝南周茂叔问学，

---

① 黎靖德编，王星贤点校：《朱子语类》卷九三，第 2357 页。

② 江永：《近思录集注》卷十四，上海书店出版社 1987 年版，第 64 页。

穷性命之理，率性会道，体道成德，出处孔、孟，从容不勉”①。程颢还说：“某自再见茂叔后，吟风弄月以归，有‘吾与点也’之意。”②周敦颐博学多识，教授二程课业不遗余力，并且善于启发和诱导。程颐（或程颢）曾回忆说：“昔受学于周茂叔，每令寻颜子、仲尼乐处，所乐何事。”③

度正《周敦颐年谱》载：“其后先生（周敦颐）作《太极图》，独手授之，他莫得而闻焉。”④从学术发展的内缘理路说，尽管此后在二程的学术观念体系中，周敦颐所倡导的主要哲学思想未为二程所承继，但对二程的启发和诱导是毫无疑问的。而二程之父程珦，也在以后的仕途升迁中，每每向朝廷举荐周敦颐。⑤

同年，周敦颐得到了转运使王逵的推荐，被朝廷晋升为郴州郴县县令。这是周敦颐学行品格为人所重的突出反映。

郴州县令任上 庆历六年（1046）冬天至皇祐二年（1050），周敦颐任郴县县令。下车伊始，他劝课农桑，兴办官学校舍，倡导儒学，教化士人，治绩尤著。在宦迹所至之地兴学重教，是周敦颐的惯常作风。他通达儒家师教传道授业解惑的意旨，善于因材施教，对那些有志向学的人，帮助和教导往往不遗余力。在《通书·师第七》中，周敦颐阐述了对师道的深刻理解：

或问曰：“曷为天下善？”曰：“师。”……故圣人立教，俾人

---

① 《河南程氏遗书》附录《明道先生行状》，《二程集》，中华书局1981年版，第328页。

② 《河南程氏遗书》卷三，《二程集》，第59页。

③ 《河南程氏遗书》卷二，《二程集》，第16页。

④ 周敦颐：《周敦颐集》，第103页。

⑤ 此事可见程颐《先公太中家传》：“在虔时，常假倅南安军，一狱掾周惇实，年甚少，不为守所知。公视其气貌非常人，与语，果为学知道者，因与为友。及为郎官，故事当举代，每迁授，辄一荐之。”参见《二程集》，中华书局1981年版，第651页。

自易其恶，自至其中而止矣。故先觉觉后觉，暗者求于明，而师道立矣。师道立，则善人多；善人多，则朝廷正，而天下治矣。

周敦颐认为，老师给人传授道德学问、为人释惑解疑，这是天下最美善的行为。他从人的自然天性出发，阐明人性有刚柔善恶，任何一方面的畸形发展，都可能会走向极端。只有中正不偏，才能合乎礼仪法度。圣人设置教化的目的，是为了使百姓改过迁善。那些先领悟中正和谐之道的人启发后领悟的人，暗昧不明道理的人求教于通晓事理者。如果从师问学之道能得以树立，则善良正直的人就会变多，朝廷施政就会公正贤明，从而使天下大治。周敦颐是这样说的，他也是这样做的。

在郴县县令的任期上，周敦颐的上司，知郴州、职方员外郎李初平耳闻目睹他的所作所为。李初平有心胸、有雅量，谦逊好学。他服膺周敦颐的学识、人品和才能，不因为自己是周敦颐的上司而骄，反而折节事下，每每向周敦颐虚心求教。据潘兴嗣《周敦颐墓志铭》记："郴守李初平最知君，既荐之，又赒其所不给。"①知州任上，李初平曾举荐周敦颐，也常在周敦颐生活日用困顿之时予以资助。李初平苦于自己年轻时读书无多，见周敦颐讲学论道时博学多识、气度不凡，就请教周敦颐，问自己年岁已长，读书是否还能来得及。周敦颐十分感念李初平的谦恭和虔诚的向学之心，为了让他早获新知，每日为他讲授儒学经典奥义。短短两年，李初平的学识便颇有进益。

遗憾的是，不久为官清廉的李初平便过世了，他的儿子尚在幼年。家无资财，也无得力人士安排丧葬事宜。这时，周敦颐挺身而出，对众人说："这就是我的事了。"他悉心安排李初平的后事，亲自扶柩护丧，葬李初平于故土。并且，在以后的年月里，周敦颐常在

---

① 周敦颐：《周敦颐集》，第 91 页。

公事之余，帮助李家经纪家务，毫不懈怠。周敦颐埋葬举主、顾念旧情的行为，在士大夫中广为传颂，一时成为士林美谈。

周敦颐与李初平的关系，是下级与上级的关系。而对李初平来说，周敦颐亦师亦友。对周敦颐说，他对道德学业上的师友关系格外重视。他曾这样说：

> 天地间，至尊者道，至贵者德而已矣。至难得者人，人而至难得者，道德有于身而已矣。求人至难得者有于身，非师友，则不可得也已！①
>
> 道义者，身有之，则贵且尊。人生而蒙，长无师友则愚。是道义由师友有之。而得贵且尊，其义不亦重乎！其聚不亦乐乎！②

道德是天地之间最为尊贵的东西，人自身具有了道德，就会卓然超越万物。如果没有师友的教导和砥砺、辅助，想要求取道德是不可能的。有了师友的教导和切磋，则可以化愚启智，拥有至为宝贵的道德。师友之间相聚相惜，实在是人生最大的乐事。实际上，李初平对周敦颐有知遇之恩、殷勤相助之义。周敦颐对李初平有循循施教之德，对李氏后人有仁侠仗义、慷慨济困之情。周敦颐以自己的行为，实践了他所倡导的“师友”之说的真正内涵。

改任南昌 皇祐二年(1050)庚辰，周敦颐改任郴州桂阳县令。他的政治经验已经日趋成熟。由于政声良好，四方得闻，引起朝廷居处高位的执政诸公注意。他们纷纷向朝廷举荐周敦颐。至和元年(1054)，周敦颐以大理寺丞衔，改任洪州南昌知县。③ 南昌人听

---

① 《通书·师友上第二十四》。

② 《通书·师友下第二十五》。

③ 参见《改大理寺丞制词》：“敕惇实：天下元元之众，不可户晓。有能绥布吾化者，非郡邑之长耶？以尔廉明干给，字人三年，而所部数以善状言者，覆于便坐，宜有以宠异之，擢丞卿寺，钦予嘉命，可大理寺丞。制词，王硅行。”(宋)周敦颐撰，梁绍辉、徐荪铭等校点：《周敦颐集》，岳麓书社2007年版，第197页。

说周敦颐这样清廉公正、明断刑狱的知县莅任，纷纷奔走相告。度正《周敦颐年谱》载：

南昌人见先生来，喜曰："是初仕分宁，始至，能辨其疑狱者，吾属得所诉矣。"于是更相告语，莫违教命，盖不惟以得罪为忧，而又以污善政为耻。①

南昌百姓既为周敦颐的到来感到喜慰，认为他们所受到的冤屈会得到伸张，他们的诉求将得到父母官的解答和满足，然而，百姓对这位执政公正严明的知县心存敬畏之意，他们互相告诫：今后须行事谨慎，切记不要违抗教令，自己不但获罪，还污没了周敦颐的善政。短短数年，在周敦颐品行感召和执政才能的影响下，南昌百姓向风慕化，社会风气大大改观。

署合州判官　嘉祐二年(1057)，周敦颐以大理寺丞升迁为太子中舍签书，署合州判官，品级为正八品，职责为"掌裨赞郡政，总理诸案文移，斟酌可否，以白于其长而罢行之"②。即参与郡政，总揽政事公文传达移送事，针对行政文书涉及事务斟酌可否，告白于上司决定取舍。作为文人，周敦颐雅好歌诗，早在分宁主簿任上，偶见吉州推官彭应求诗作，十分欣赏。后来转任合州途经温泉佛寺，见到墙壁之上有彭推官的诗作，顿感喜出望外。于是郑重抄录，并把抄本送于彭推官的儿子、时任益州路转运使的彭思永。彭思永深表谢意，请求周敦颐为其父诗作序言事，周敦颐遂作《吉州彭推官诗序》。此事虽小，但周敦颐喜诗文，重人伦情感的性格可见一斑。

合州任上，周敦颐与士大夫们的交游渐广。当时乡里贡举之士，闻听他的学问，多来拜见请谒。遂宁有少年俊才傅耆(字伯

① 周敦颐：《周敦颐集》，第104页。

② 脱脱等撰：《宋史》卷一百六十七，第3975页。

成),为乡人所称誉,周敦颐听说后就主动致书傅耆,以示重学惜才之意。傅耆既感且喜,从此常与周敦颐书信往来,问学求教,周敦颐也推诚相待,常将自己的学问心得倾囊相授。傅耆成为周敦颐少数弟子之一。

不久,周敦颐遭遇了人生的又一次变故,他的妻子陆氏去世。左丞潘兴嗣途径合州,见到周敦颐。两人相遇款洽,倾谈三日三夜。潘兴嗣深为周敦颐的学识、人品和气度倾倒,离开后赞叹说:"世上竟有这样的人啊!"由潘兴嗣支持和筹划,周敦颐迎娶潘兴嗣的妹妹为继室,而潘兴嗣也成为周敦颐最为知心的亲友。

周敦颐的仕途交往中,赵抃是一个不得不提的重要人物。《宋史·赵抃传》载,赵抃"弹劾不避权幸,声称凛然,京师目为'铁面御史'"①。宰相韩琦也称赞他"抃真世人标表,盖以为不可及云"②。周敦颐任合州判官,而赵抃时任益州转运使。由于周敦颐政事清明、明断是非,触犯了一些宵小之徒的利益,于是有人向赵抃造谣进谗,污蔑周敦颐的清白。素来刚正无私的赵抃对周敦颐甚感不满,不惜对他施以长官之威。然而周敦颐不卑不亢,超然处之。

周敦颐是一个文化人,在他的周围,汇集了不少跟从求学的合州士人。士绅张宗范才学品行为士林所称,他建造了一处亭子,周敦颐为此亭命名为"养心亭",并为之作《养心亭说》:

> 孟子曰:"养心莫善于寡欲。其为人也寡欲,虽有不存焉者,寡矣;其为人也多欲,虽有存焉者,寡矣。"予谓养心不止于寡焉而存耳,盖寡焉以至于无。无则诚立、明通。诚立,贤也;明通,圣也。是圣贤非性生,必养心而至之。养心之善有大焉如此,存乎其人而已。

---

① 脱脱等撰:《宋史》三百一十六,第10322页。

② 脱脱等撰:《宋史》三百一十六,第10325页。

张子宗范有行、有文，其居背山而面水。山之麓，构亭甚清净，予偶至而爱之，因题曰“养心”。既谢，且求说，故书以勉。①

周敦颐接续孟子“养心”之说，阐述了他对“养心”的看法。孟子曾说，修养心性最好的法子是减少欲望。假如一个人的欲望不多，即使善心有所丧失，也是很少的；一个人的欲望如果很多，即使善心仍有保存，也是很少的。周敦颐认为，事实上，修养心性并非仅在于减少欲望而存有善心，而是要把欲望不断地减少到无的地步。这样，真实无妄的本体“诚”得以确立，进而思虑清明、行事通达，就可以达到贤人乃至圣人的境地了。后来，在《通书·圣学第二十》中，周敦颐对此又做了进一步的完善和发挥：

“圣可学乎?”曰：“可。”曰：“有要乎?”曰：“有。”“请闻焉。”曰：“一为要。一者无欲也，无欲则静虚、动直，静虚则明，明则通；动直则公，公则溥。明通公溥，庶矣乎!”

周敦颐认为，圣人之境可以经由学习达到，其中的关键在于内心纯一，没有欲望。心无欲求，才能在无外物触动时静默空虚，与浑然纯正的本体合一；有外物感发，就会使本体的功用得到发挥，流动传布，从而行事时正直中道。当静虚时思虑清明，行动时通达公正，施之广大普遍之处，也就差不多可以了。

在合州，周敦颐的思想渐趋圆融成熟，政事处理也日益得心应手。度正《周敦颐年谱》说：“在郡四年，人心悦服，事不经先生手，吏不敢决，苟下之，人亦不从。”②这时他遇见了时任提点江东刑狱的王安石。王安石时年四十岁，《年谱》说：“(王安石)与先生相遇，

---

① 周敦颐：《周敦颐集》，第52页。

② 周敦颐：《周敦颐集》，第106页。

语连日夜。安石退而精思，至忘寝食。”①无论是在思想方面还是在学术方面，周敦颐似乎都对王安石产生了一定的影响和启迪。

嘉祐六年(1061)，周敦颐成为国子博士，任虔州通判，为从七品官。赴任途中，经过江州，游庐山。他喜爱庐山的山水胜景，在莲花峰下的小溪旁，筑“濂溪书堂”，并与好友潘兴嗣约定，他时到溪上吟诗咏歌，怡情抒怀，尽人生之乐。

在虔州，周敦颐竟然见到了以前对自己颇有成见的老上司、时任虔州知州的赵抃。没多久，赵抃发现，周敦颐品行正直，是位不同凡响的人物，于是尽释前嫌，握着周敦颐的手，愧叹不已：“几失君矣！今日乃知周茂叔也。”②从此，周敦颐和赵抃成了知己好友。两人骑马同游，饮酒赏花，诗文酬唱，相处亲密无间。无论同在虔州，还是各自宦游他方，两人互通音讯，不忘彼此。他们之间常有诗作交往，如周敦颐《香林别赵清献》：

公暇频陪尘外游，朝天仍得送行舟。轩车更共入山脚，旌旆且从留渡头。

精舍泉声清虢虢，高林云色淡悠悠。谈终道奥愁言去，明日瞻思上郡楼。③

传世赵抃诗作中，有七首是写给周敦颐的诗，作于虔州时的，可见《同周敦颐国博游马祖山》、《次韵周茂叔国博见赠》、《次韵前人(周茂叔)重阳节近见菊》、《次韵前人(周茂叔)不赴重九饮会见寄》，又有《题茂叔濂溪书堂》、《寄永州通判茂叔虞部》，等等。④《次韵前人不赴重九饮会见寄》表达了两人之间深厚的情谊：

---

① 周敦颐：《周敦颐集》，第106页。

② 周敦颐：《周敦颐集》，第107页。

③ 周敦颐：《周敦颐集》，第72页。

④ 湖南省濂溪学研究会整理：《元公周先生濂溪集》卷之七，岳麓书社2006年版，第118～119页。

嫩菊浮香酒泼醅，命俦欢饮郁孤台。如何此会翻为恨，为欠公车一到来。

九日年丰狱讼稀，望君同醉乐无涯。樽前慰我区区意，只得登高一首诗。①

在以后的政治生涯中，赵抃一直向朝廷力荐周敦颐，并在士大夫中时时传扬周敦颐的品格和才能。可以说，赵抃既是周敦颐的挚友，又是他最重要的支持者和保护者。

嘉祐八年（1063），宋英宗即位，周敦颐以恩迁为虞部员外郎，正七品，仍任虔州。是年五月，周敦颐创作了《爱莲说》行世，此文说：

水陆草木之花，可爱者甚蕃。晋陶渊明独爱菊。自李唐来，世人盛爱牡丹。予独爱莲之出淤泥而不染，濯清涟而不妖，中通外直，不蔓不枝，香远益清，亭亭净植，可远观而不可亵玩焉。

予谓：菊，花之隐逸者也；牡丹，花之富贵者也；莲，花之君子者也。噫！菊之爱，陶后鲜有闻；莲之爱，同予者何人？牡丹之爱，宜乎众矣！②

侯外庐等先生认为，《爱莲说》与佛教存在着一定的因缘。如其中“莲之出淤泥而不染”等语，几乎是《华严经探玄记》卷三以“莲华”对于自性清净形象描述之语的翻版，反映了周敦颐思想所受的佛教影响。③《爱莲说》篇幅短小，却成为中国文化史上的名篇，千百年来脍炙人口，并且远播域外，在朝鲜 、日本、越南等地颇受人

① 湖南省濂溪学研究会整理：《元公周先生濂溪集》卷之七，第119页。

② 湖南省濂溪学研究会整理：《元公周先生濂溪集》卷之六，第99页。

③ 侯外庐、邱汉生、张岂之主编：《宋明理学史》，人民出版社1984年版，第80～83页。

民喜爱。①

永州通判　治平元年(1064)冬天,周敦颐巡查虔州属县期间,虔州民间发生大火,烧毁民房千余家。朝廷闻报,随即派员接替周敦颐之职,并调查缘由。周敦颐无心替自己辩解,而朝廷中有重臣了解周敦颐并为其辩白。之后不久,周敦颐被调任永州通判。

永州,距离周敦颐的家乡道州营道县不远。这里,唐代思想家、文学家柳宗元曾被贬谪于此,留下"永州八记"等八篇山水游记流传于世。公事之余,周敦颐喜赋诗作文,其中有名篇《拙赋》问世:

> 或谓予曰:"人谓子拙?"予曰:"巧,窃所耻也,且患世多巧也。"喜而赋之曰:"巧者言,拙者默;巧者劳,拙者逸;巧者贼,拙者德;巧者凶,拙者吉。呜呼!天下拙,刑政彻。上安下顺,风清弊绝。"②

周敦颐为人质朴,从不卖弄心机,有人说他拙笨而不灵巧。周敦颐不以为耻,反以为喜。他认为聪明人言语便给,拙笨的人沉默少言。聪明人为了营求私利劳心劳神,拙笨的人反而安逸自适。聪明人说不定会贼害世人,最后自己遭遇凶患,而拙笨的人则会成就德行,终获吉祥。天下的人如果都能保持质朴的本色,不卖弄机巧,那么就会上下安然无事,社会风气纯正,世间各种弊病得以消除,从而天下太平。

守拙弃巧,既是周敦颐质朴混论的为人本色,也是他施政为民的政治理念。这种心胸和抱负,在士人中引起许多感慨和回应,也对后来永州的任职者产生了影响。周敦颐的朋友何平仲以《题茂

---

①　参看本书第四部分"通书的历史地位和影响"第(四)节"从中国到域外"部分。

②　周敦颐:《周敦颐集》,第 60 页。

叔〈拙赋〉》诗相赠:“伪者劳其心,关机有时阙。诚者任其真,安知拙为拙。舍伪以存诚,何须俟词说。”①后来永州新任的守令,把《拙赋》刻石纪念,并建“拙堂”以警示和勉励官吏士人。南宋绍兴十年(1140),理学家、文学家胡寅知永州,他敬仰前辈周敦颐,服膺周敦颐为人去巧、为政以拙的风范,于是改“拙堂”之名为“康功堂”,并赋诗赞颂周敦颐的功德:

政拙催科永陵守,实赖贤僚相可否。邦人复嗣海沂歌,仓廪虽空闾里有。

功成归去朝日边,吏辟虚堂得昼眠。后圃好花初着土,前檐新竹已参天。

貔貅未饱军须急,赤子如鱼釜中泣。若知王业在农桑,国势何劳忧岌岌。

酒阑四壁读前碑,吏隐犹胜五马随。千古濂溪周别驾,一篇清献锦江诗。②

周敦颐在永州的时日并不多,但“拙政”理念实践得似乎很彻底。这一时期,他的履历里没有看到很突出的政绩,更多的是优游士林,与州中同僚、过往的地方官吏等文人墨客,踏访名胜古迹,寄兴山水之间。附近的澹山岩、含辉洞、洪陵寺、九龙洞等,都留下了他的足迹。永州任职两年,从五十到五十二岁,过知命之年,周敦颐的思想早已经成熟了。若干年后,大文学家、大诗人苏轼作《茂叔先生濂溪诗呈次元仁弟》赞颂周敦颐:

世俗眩名实,至人疑有无。怒移水中蟹,爱及屋上乌。

坐令此溪水,名与先生俱。先生本全德,廉退乃一隅。

因抛彭泽米,偶似西山夫。遂即世所知,以为溪之呼。

---

① 湖南省濂溪学研究会整理:《元公周先生濂溪集》卷之七,第121页。

② 湖南省濂溪学研究会整理:《元公周先生濂溪集》卷之七,第125页。

先生岂我辈，造物乃其徒。应同柳州柳，聊使愚溪愚。①

在人生履历上，苏轼与周敦颐虽为同时代人，但生活并无交集。苏轼推重周敦颐的为人。在他看来，与“至人”相同，周敦颐无心于名实之辨。虽然濂溪之名，因周敦颐而起。但周敦颐臻于完美的道德，并非只是廉直谦退。如淡泊名利的彭泽令陶渊明，坚守节操的“西山饿夫”伯夷、叔齐一样，周敦颐为世人所知，才有了濂溪的名声。苏轼认为，昔年被贬谪至永州的唐代大思想家、文学家柳州柳宗元，曾把居处的溪水取名愚溪水，而周敦颐把溪水命名为濂溪，也有如同柳宗元一样的境界和胸怀。苏轼把周敦颐与伯夷、叔齐、陶渊明、柳宗元等名传千古的人物同列并举，可见感佩之深。

邵州知州 治平四年(1067)，周敦颐任驾部员外郎，“权发遣邵州事”，转任代理邵州知州。初至任上，一次去州学拜祭孔庙。周敦颐发现，邵州州学处在牙城之中，近旁左置监狱，右设仓库，学舍低矮破陋。向来注重官学的周敦颐甚感不安，于是筹划安排，择地重建。数月后，新的邵州州学建成。次年正月初三，周敦颐率众祭新迁的孔庙，作《邵州新迁学释菜祝文》、《告先师文》，又嘱托荆湖北路转运使孔延之作《邵州新迁州学记》言事。《邵州新迁州学记》有言：

先王知天下之士不可不养，常欲浚其渊源，培其根本，故不惮为之高堂大室，以便其讲习。俎豆诗书，以实其内。清池修梁，以环其外。大抵欲后进之士得以优游燕息，专其思虑，成文武之才，就道德之实，故曰处士就闲燕，此之谓也。

……

吾友周君惇颐茂叔，以驾部员外郎通判永州来摄邵事，患其学舍弊隘，乃择地于东门之东南，因故学之材徙而新之。郡

① 湖南省濂溪学研究会整理:《元公周先生濂溪集》卷之七，第122页。

民悦喜,荷锸箪食来助其役.逾月而成。有殿以事先圣,有堂以集诸生。栖士有斋.藏书有阁。远而望之.俨乎其可观而法也。即而趋之,靓乎其可居而乐也。于是邵之士交相告语,其各奋励修饬.以无负吾周侯教育之意,而为乡闾之羞。

鸣呼!邵虽小邦,……夫岂无豪杰之士可束带而立于朝廷者耶?然而近岁未有显者。非士之罪,乃教化之不素也。今周君能知先王之本务,而勇于敢为,邵之士能知周君之用心,而锐于进学,吾将见才冠天下、名闻京师者,多邵人也,惟在勉之而已。

周君好学博通,言行政事皆本之六经,考之《孟子》,故其所施设卓卓如此。异时《宋史》书周君之善,以为后世法,未必不以邵学为先。①

孔延之是孔子第四十七代孙,他阐述情由,认为周敦颐深谙古时圣王推行教化之理,其迁学、兴学之举,大有益于邵州士林。此举将激励士子们锐意进取,他日此地必将人才大兴。而周敦颐好学不倦,学问博通,以六经为立身之本,其功绩和操行,必将载诸史册而不朽。

邵阳之南有一山泉,水流汩汩滔滔,清澈旺盛,士人百姓很是喜爱,他们感念周敦颐重教兴学,造福百姓的政绩,把泉水命名“濂泉”。熙宁元年(1068),因为周敦颐政声远播,朝廷拟任他为郴州知州。这时,上命尚未颁行,赵抃、吕公著闻知,交相举荐周敦颐。朝廷遂擢升周敦颐为广南东路转运判官。赵抃是周敦颐的至交,而周敦颐与吕公著则素昧平生,他对吕公著的举荐甚感意外。吕公著是北宋名相吕夷简之子,庆历年间进士,历任天章阁侍制兼侍

---

① 王晚霞校注:《濂溪志八种汇编》,湖南大学出版社 2013 年版,第666～667 页。

读、翰林学士、知开封府、御史中丞、尚书右仆射兼中书侍郎等要职，先后执政多年。《宋史·吕公著传》称："公著父子俱位至宰相，俱以司空平章军国事，……公著则一切持正，以应天下之务，呜呼贤哉。其论人才，如权衡之称物，故一时贤士，收拾略尽。"①吕公著执政公允严明，重视选拔人才，是北宋一代名臣。他向朝廷推荐周敦颐的牍书这样说：

> 臣伏见尚书驾部员外郎通判永州军事周惇颐，操行清修，才术通敏，凡所临莅皆有治声。臣今保举堪充刑狱钱谷繁难任使，如蒙朝廷擢用，后犯正入己赃，臣甘当同罪。其人与臣不是亲戚，谨具状闻，伏候敕旨。②

这是朝廷重臣对周敦颐人品、才学以及政绩充分的肯定和认可。由于吕公著秉唯才是举之心，周敦颐得以擢拔是职。于是，他致书吕公著深表谢意，说"在薄宦有四方之游，于高贤无一日之雅"③。感谢他虽未曾谋面却热诚推荐的知遇之恩。

广东之任　得力于赵抃和吕公著的推荐，周敦颐由代理邵州知州升任广南东路转运判官，主持转输漕运事宜。之后不久，1070年，周敦颐以虞部郎中任广南东路提点刑狱，为正三品官，掌管广东南路刑狱之事。《宋史·职官志》载："提点刑狱公事，掌察所部之狱讼而平其曲直，所至审问囚徒，详复案牍，凡禁系淹延而不决，盗窃逋窜而不获，皆劾以闻，及举刺官吏之事。"④周敦颐以恩荫出身，因政绩得到朝廷的认可，最终被擢升为地位重要的地方主刑狱之官，仕途达到一生的顶峰。

广东任职前后不超过一年，这一年，大多的时间周敦颐都在巡

---

① 脱脱等撰：《宋史》卷三百三十六，第10780页。

② 王晚霞校注：《濂溪志八种汇编》，第18页。

③ 周敦颐：《周敦颐集》，第110页。

④ 脱脱等撰：《宋史》卷一百六十七，第3967页。

行的路上。巡行按查所部至潮州，周敦颐途径大颠堂，作《题大颠壁》诗：

> 退之自谓如夫子，《原道》深排佛老非。不识大颠何似者，数书珍重更留衣。①

唐代大文学家韩愈，曾著《原道》一文，探讨儒家之道，认为佛、老之道非真正之道，有损于士人对大道的追求。元和十四年(819)，唐宪宗迎佛骨供奉，韩愈深以为非，上《论佛骨表》向朝廷痛陈批驳崇佛之害，触怒了唐宪宗，遂被贬谪潮州。然而，在潮州时，韩愈结识了慧能大师三传弟子大颠和尚。大颠聪明睿智，韩愈《与孟尚书书》说大颠“能外形骸以理自胜，不为事物侵乱。与之语，虽不尽解，要自胸中无滞碍”②。大颠和尚见识高妙，造诣深厚，韩愈十分感佩，多次写信相邀。③ 大颠至其治所，盘桓十数日方去。离开潮州后韩愈并以衣物相赠④。周敦颐的诗，表面上诧异于韩愈对佛家和大颠和尚迥然不同的态度；深层次上，胸怀宽阔、博学多识的周敦颐借韩愈来暗示自己对佛家的理解，并不以佛学为非，相反，在一定程度上，他的思想受到了佛教的影响。

巡行视察至惠州，周敦颐作《题惠州罗浮山》诗：“红尘白日无闲人，况有鱼绯系此身。关上罗浮闲送目，浩然心意复吾真。”⑤世

---

① 周敦颐：《周敦颐集》，第 67 页。

② 韩愈撰，马其昶校注，马茂元整理：《韩昌黎文集校注》，上海古籍出版社 1986 年版，第 212 页。

③ 韩愈多次写信邀请并派人迎接大颠赴治所相晤，传世有韩愈《与大颠师书》。参见韩愈撰，马其昶校注，马茂元整理：《韩昌黎文集校注》，第 670 页。

④ 韩愈撰，马其昶校注，马茂元整理：《韩昌黎文集校注》，第 212 页。

⑤ 周敦颐：《周敦颐集》，第 69 页。

人碌碌，或为生计，或为前程奔忙，何况我这个鱼绯符①在身的人（做官的人）呢？城阙之上，远处的罗浮山悠然在望，浩浩然我的真纯之心也随之恢复过来。周敦颐的这些诗作，表现了他内心的境界和志趣。

不久，周敦颐巡行至端州。端州有端溪，溪水产砚石，石质坚实细腻，制作的砚台天下闻名。自唐朝以来，即为文人士子所爱。不少端州的百姓采石制砚，以此谋生。然而，时任端州知州杜咨，却与民争利，借职权大肆开采端溪砚石，牟取暴利。端州百姓怨声载道，称杜咨为“杜万石”。周敦颐对杜咨的行为深恶痛绝，他上报朝廷，请朝廷降旨从根源上断绝地方官借端砚取利的作风。很快朝廷禁令颁行：“凡仕端者，取砚石毋得过二枚。”②从此，端州官场的贪鄙风气得以止息。周敦颐获得了百姓的爱戴和称颂。

巡行至春州时，周敦颐用诗歌《按部至春州》记载了自己的行踪和政绩：“按部广东经数郡，若言岚瘴更无春。度山烟锁埋清昼，为国天终护吉人。万里诏音频降下，一方恩惠尽均匀。丈夫才略逢时展，仓廪皆无亟富民。”③周敦颐巡行广东历经数郡，一路翻山越岭，甚至不顾春日瘴气之重，甘冒性命之险。他安慰自己：这样为国事操劳，上天终究会护佑我这个吉祥之人吧？周敦颐不忘朝廷的使命，时时考虑的是如何将朝廷惠民之策布施一方，如何使公私仓廪丰实。富民济众，百姓安居乐业，周敦颐是这样说的，也是这样做的。

蒲宗孟《周敦颐墓碣铭》载：“君以朝廷躐等见用，奋发感厉。不惮出入之勤，瘴毒之侵，虽荒崖绝岛，人迹所不至处，皆缓视徐

---

① 鱼绯符：指鱼符，宋代官员的身份凭证。以木材或金属刻成鱼形并题字，多用红色，故称鱼绯符。

② 王晚霞校注：《濂溪志八种汇编》，第 18 页。

③ 周敦颐：《周敦颐集》，第 74 页。

按，务以洗冤泽物为己任。施设置措，未及尽其所为，而君已病矣。”①此时的周敦颐，感念朝廷的破格提拔，愈自奋发进取。他不惮烦劳，不惧瘴疠之毒的侵袭，频频出巡按查，不惜深入蛮荒僻野之地，以洗雪民众冤屈、施恩于百姓为要务，亲力亲为，关心民生疾苦。他尽职尽责，坚持不懈地实践和贯彻了自己固有的执政理念。

然而，达观知命，认为虽处瘴疠之地“为国天终护吉人”的周敦颐，还是病倒了。不多久，润州传来母亲的坟茔被雨水冲损严重的消息。周敦颐遂上书朝廷，请求迁转知南康军。熙宁四年(1071)八月初一，周敦颐奉调至南康。十二月十六日，他改葬母亲至江州德化县。

周敦颐因母葬而知南康，此时他老病缠身，有辞官之志。他说：“今犹欲以病污麾绂耶?”②老病之躯不能恪尽职守，岂能玷污这一官位呢？于是原本淡薄功名的周敦颐向朝廷请辞，上缴南康官印，从而结束了自己三十余年的仕宦生涯，归隐江州(今江西九江)。

(三) 归隐庐山之麓

熙宁五年(1072)，周敦颐五十六岁。自嘉祐六年(1061)任虔州通判时，周敦颐于庐山之麓、溪水之上，筑“濂溪书堂”，他就与好友潘兴嗣相约，他时吟诗颂歌，尽人生之欢，这个愿望终于要实现了。周敦颐历官多年，俸禄所得，往往周济宗族，款待宾朋，既无多少钱财，也没有置办什么产业，但他安于平淡自适的生活。在《题濂溪书堂》诗中，周敦颐描述了恬然自得的归隐生活：

元子溪曰濂，诗传到于今。此俗良易化，不欺顾相钦。庐

---

① 周敦颐：《周敦颐集》，第93页。

② 周敦颐：《周敦颐集》，第111页。

山我久爱，买田山之阴。

田间有清水，清泚出山心。山心无尘土，白石磷磷沉。潺湲来数里，到此始澄深。

有龙不可测，岸木寒森森。书堂构其上，隐几看云岑。倚梧或欹枕，风月盈中襟。

或吟或冥默，或酒或鸣琴。数十黄卷轴，圣贤谈无音。窗前即畴圃，圃外桑麻林。

芋蔬可卒岁，绢布足衣衾。饱暖大富贵，康宁无价金。吾乐盖易足，名濂朝暮箴。

元子与周子，相邀风月寻。①

周敦颐的诗作中，常常表现一种浓重的隐逸情怀。虽然身处官场达三十余年之久，从县廷主簿小吏到提点刑狱地方大员，他身上丝毫看不到贪恋功名利禄、追逐富贵荣华的官场习气。“饱暖大富贵，康宁无价金。”奉身之物，只求饱暖；康健安宁，便为无价。从思想境界和人生价值追求上说，周敦颐是一位儒者。他为官恪尽职守，慎刑狱，执政为民，践履着儒家的价值原则，有着崇高的社会担当意识和责任意识。但从人格修养上说，周敦颐又时时表现出淡泊名利、游离世俗、澄澈清明、清闲自适等佛、道之学的精神气质。这些在周敦颐的诗文中屡有体现。如《同石守游》：“朝市谁知世外游，杉松影里入吟幽。争名逐利千绳缚，度水登山万事休。野鸟不惊如得伴，白云无语似相留。傍人莫笑凭栏久，为恋林居作退谋。”②

---

① 周敦颐：《周敦颐集》，第 62～63 页。题名为“题瀼溪书堂”，首句为“元子溪曰‘瀼’”。清康熙年间张伯行编《周濂溪先生全集》收录此诗，无“题”字。乾隆年间董榕编《周子全书》与道光年间邓显鹤编《周子全书》诗名作“濂溪书堂”。综合年谱及诸本考虑，“瀼”应为“濂”字之误。据以改之。

② 周敦颐：《周敦颐集》，第 73 页。

远离尘嚣，渡水登山，解去名缰利锁束缚。林野幽美，流连忘返，念念不忘退居山林。《静思篇》有云："静思归旧隐，日出半山晴。醉榻云笼润，吟窗瀑泻清。闲方为达士，忙只是劳生。朝市谁头白，车轮未晓鸣。"①周敦颐希望像"达士"—— 洞明世事、精神境界超越生死的达观之士一样②，抛开人世的烦恼，归隐山野，自在而活。

理解他的亲友潘兴嗣、赵抃、蒲孟宗等人，常常写诗称颂。潘兴嗣《题濂溪》诗写道：

> 鳞鳞负郭田，渐次郊原口。其中得清旷，贵结林泉友。一溪东南来，潋滟翠波走。
>
> 清响动灵粹，寒光生户牖。峨峨双剑峰，隐隐插牛斗。疏云互明晦，岚翠相妍丑。
>
> 恍疑坐中客，即是关门叟。为歌紫芝曲，更击秦人缶。窅然忘得丧，形骸与天偶。
>
> 君怀康济术，休光动林薮。得非仁智乐，夙分已天有。斫鼻固未免，安能混真守？
>
> 归来治三径，浩歌同五柳。皎皎谷中士，愿言与君寿。殷勤复恳恻，杂佩贻琼玖。
>
> 日暮车马徒，桥横莫回首。③

濂溪风景优美，周敦颐隐居于此，潇洒自在。那些隐逸避世的商山四皓，大智大勇的蔺相如，庄子笔下的游方之外者，五柳先生陶渊明等，这些贤人高士，潘兴嗣信手引来，讽喻周敦颐的抱负、节

---

① 周敦颐：《周敦颐集》，第 64 页。

② 达士：通达事理的明智之士。《吕氏春秋·知分》："达士者，达乎生死之分。"《汉书·萧望之传》："朝无争臣则不知过，国无达士则不闻善。"《后汉书·仲长统传》："至人能变，达士拔俗。"

③ 湖南省濂溪学研究会整理：《元公周先生濂溪集》，第 118 页。

操和襟怀。故交赵抃亦有诗相赞，他在《题茂叔濂溪书堂》说：

吾闻上下泉，终与江海会。高哉庐阜间，出处濂溪派。清深远城市，洁净去尘壒。

毫发难遁形，鬼神缩妖怪。对临开轩窗，胜绝甚图绘。固无风波虞，但觉耳目快。

琴樽日左右，一堂不为泰。经史日枕藉，一室不为隘。有莼足以羹，有鱼足以脍。

饮啜其乐真，静正于俗迈。主人心渊然，澄澈一内外。本源孕清德，游泳吐嘉话。

何当结良朋，讲习取诸《兑》。①

赵抃笔下的周敦颐，是一位抚琴饮酒、博观经史、内心渊然澄澈、德清言嘉的儒者。而蒲宗孟对周敦颐精神气质的概括和描摹，为后人所称道，他在《周敦颐墓碣铭》中说：

生平襟怀飘洒，有高趣。常以仙翁隐者自许。尤乐佳山水，遇适意处，终日徜徉其间。酷爱庐阜，买田其旁，筑室以居，号曰濂溪书堂。乘兴结客，与高僧道人，跨松萝，蹑云岭，放肆于山巅水涯，弹琴吟诗，经月不返。……吾尝谓茂叔为贫而仕，仕而有所为，亦大概略见于人，人亦颇知之。然至其孤风远操，寓怀于尘埃之外，当有高栖遐遁之意，则世人未必尽知之也。②

上文生动地表现了周敦颐的生活方式和精神追求。周敦颐自称“仙翁隐者”，如同登仙的老翁、遁世的隐者，与高僧道人同游，在山水之间放浪形骸，弹琴吟诗，自娱自乐。在世人看来，周敦颐贫困出仕，从政有为。可是，世人却不知他风格孤高，操行旷远超迈，

---

① 湖南省濂溪学研究会整理：《元公周先生濂溪集》，第 119 页。

② 周敦颐：《周敦颐集》，第 94 页。

出尘离俗，有山林之志。

黄庭坚在《濂溪词并序》中这样形容周敦颐："春陵周茂叔，人品甚高，胸中洒落，如光风霁月。好读书，雅意林壑。"①"胸中洒落"、"如光风霁月"与"襟怀飘洒"、"主人心渊然，澄澈一内外"含义相同，作为一种人格和风度，指向一种独立出众的人生境界，与传统儒者积极入世、进取有为的精神面貌，似乎有很大的差异。朱熹看出了这一点，他曾这样评价周敦颐：

> 示喻黄公洒落之语，……所谓洒落，只是形容一个不疑所行，清明高远之意。若有一豪私吝心，则何处更有此等气象邪？只如此看，有道者胸怀表里亦自可见。②

> 濂溪在当时，人见其政事精绝，则以为宦业过人。见其有山林之志，则以为襟袖洒落，有仙风道气，无有知其学者。惟程太中独知之。这老子所见如此，宜其生两程子也。③

朱熹认为，周敦颐展现的"洒落"，正是他的不疑所行、志存高远、内无私心、胸怀旷达的儒者风范的突出反映。他有突出的政治才能，兼有隐逸者的情怀。二者看似矛盾，却恰如其分地体现在周敦颐身上。

然而，归隐庐山时，周敦颐的人生已至暮年。惬意的生活没有多久，老病交加，他的生命即将走向尽头。这时，正值熙宁六年(1073)，王安石推行的变法运动正如火如荼，周敦颐自知不起，但仍然关心国事。蒲宗孟《周敦颐墓碣铭》记载了周敦颐临终前不久寄给他的书信：

> 先时以书抵宗孟曰："上方兴起数百年，无有难能之事。

---

① 湖南省濂溪学研究会整理：《元公周先生濂溪集》，第122页。

② 刘永翔、朱幼文校点：《晦庵先生朱文公文集》（二），上海古籍出版社、安徽教育出版社2002年版，第1332页。

③ 黎靖德编，王星贤点校：《朱子语类》卷九十三，第2357页。

将图太平天下，微才小智苟有所长者，莫不皆获自尽。吾独不能补助万分一，又不得窃须臾之生，以见尧舜礼乐之盛，今死矣，命也。”①

说到底，周敦颐是一位有抱负、有胸襟、以天下为己任的儒者。为自己不能再为“尧舜礼乐之盛”尽最后的力量，为不能见证太平天下、盛世重光而抱憾伤怀。

远在成都任上的赵抃，听闻周敦颐隐居庐山，于是上书朝廷，请求再度起用周敦颐。等朝廷的旨意传达至濂溪时，周敦颐已溘然长逝。时为熙宁六年(1073)六月初七，享年五十七岁。

二 周敦颐著作的流传和编纂

作为宋明理学的开山人物，周敦颐的著作并不多，流传后世的更为少数。最早记述他的著作情况的是潘兴嗣。周敦颐死后不久，潘兴嗣在《周敦颐墓志铭》中说：“(周敦颐)尤善谈名理，深于《易》学。作《太极图》、《易说》、《易通》数十篇，诗十卷，今藏于家。”②周敦颐的著作除了家藏之外，也在二程门下传播。南宋祁宽《通书后跋》中记载说：

《通书》即其所著也。始出于程门侯师圣，传之荆门高元举、朱子发。宽初得于高，后得于朱。又后得和靖尹先生所藏，亦云得之程氏。今之传者是也。

逮卜居九江，得旧本于其家，比前所见，无《太极图》。或云《图》乃手授二程，故程本附之卷末也。……此书字不满三千，道德、性命、礼乐、刑政，悉举其要。而又名之以“通”，其示

① 周敦颐：《周敦颐集》，第93～94页。

② 周敦颐：《周敦颐集》，第91页。

人至矣。①

可见,祁宽所见的《通书》,有程门侯师圣本、尹和靖本和九江周敦颐家藏本。而程门流传的本子,附有《太极图》。《太极图》附于《通书》之后,可能是早期版本的样式。如南宋同时期的师事程门弟子的胡宏在《通书序略》中记载:

《通书》四十章,周子之所述也。……推其道学所自,或曰:传《太极图》于穆修也,传《先天图》于种放,种放传于陈抟,此殆学之一师欤? 非其至者也。②

胡宏所见的《通书》本子(朱熹称之为"长沙本")也应是出自程门,上文称述《通书》之后,紧接着记述了《太极图》的传承源流,说明胡宏所见的"长沙本"《通书》附有《太极图》③。这一时期流传的本子,如朱熹所说"附载铭、碣、诗、文,事多重复"④。南宋绍兴以前,周敦颐著作仅以《通书》一名流传,统称《通书》,在当时似乎成为一种流行的习惯,并且在相当长的时期内还保持着。即使是在朱熹校订《太极通书》的时候,学者仍习惯以《通书》概称周敦颐著作。⑤

朱熹对周敦颐的著作收集、整理、注解,乃至最后编定作出了重要贡献。他曾先后三次整理周敦颐的著作。朱熹《太极通书后序》中概述了自己前两次编定的情况:

右周子之书一编,今舂陵、零陵、九江皆有本,而互有同异。长沙本最后出,乃熹所编定,视他本最详密矣,然犹有所

① 周敦颐:《周敦颐集》,第 119 页。
② 周敦颐:《周敦颐集》,第 117 页。
③ 周敦颐:《周敦颐集》,第 117 页。
④ 周敦颐:《周敦颐集》,第 44 页。
⑤ 杨柱才:《道学宗主——周敦颐哲学思想研究》,人民出版社 2004 年版,第 7 页。

未尽也。

盖先生之学，其妙具于《太极》一图。《通书》之言，皆发此《图》之蕴。而程先生兄弟语及性命之际，亦未尝不因其说。观《通书》之《诚》、《动静》、《理性命》等章，及程氏书之《李仲通铭》、《程邵公志》、《颜子好学论》等篇，则可见矣。故潘清逸志先生之墓，叙所著书，特以作《太极图》为称首。然则此《图》当为书首，不疑也。然先生既手以授二程本，因附《书》后。传者见其如此，遂误以《图》为《书》之卒章，不复厘正。使先生立象尽意之微旨，暗而不明。而骤读《通书》者，亦复不知有所总摄。此则诸本皆失之。而长沙《通书》因胡氏所传篇章，非复本次，又削去分章之目，而别以"周子曰"者加之，于《书》之大义虽若无所害，然要非先生之旧，亦有去其目而遂不可晓者。又诸本附载铭、碣、诗、文，事多重复。亦或不能有所发明于先生之道，以幸学者。

故今特据潘《志》置《图》篇端，以为先生之精意，则可以通乎《书》之说矣。至于《书》之分章定次，亦皆复其旧贯。而取公及蒲左丞、孔司封、黄太史所记先生行事之实，删去重复，合为一篇，以便观者。盖世所传先生之书、言行具此矣。①

朱熹参考春陵、零陵、九江诸本，第一次编定了长沙本，但他对此次编定并不满意。在朱熹看来，《太极图》是周敦颐学说最为高妙之处，《通书》之论，都是在诠释和阐发《太极图》意蕴。这个道理二程是明白的。而潘兴嗣为周敦颐撰写墓志铭时，也把《太极图》置于周子著述之首。可是周敦颐传二程时，《太极图》附于《通书》之后，等程门后学祁宽见到时，便以为传本如此，其后学者便误认为《太极图》是《通书》的卒章。于是，为恢复周敦颐学说的面貌，使

① 周敦颐：《周敦颐集》，第43～44页。

后人正确认识周敦颐立象尽意之旨。朱熹重新编定了建安本，置《太极图》于卷首，恢复《通书》原有章次条贯，依据潘兴嗣、孔延之、黄庭坚等人所记周敦颐行迹事略，作《濂溪先生本传》行世。

后来，淳熙五年(1178)，朱熹知南康军。临汀人杨方有九江周敦颐家传本，朱熹获得此本，他以“延平本”①互校，发现不同之处有十余条。于是，朱熹重新编定了“南康本”。经过前后三次编定、数十年对周敦颐著述的研读和探索，朱熹有了新的发现和认识。在《再定太极通书后序》中，除了再次阐述《太极图说》的重要价值及与《通书》的关系，朱熹说：

> 右周子《太极图》并《说》一篇，《通书》四十章，世传旧本《遗文》九篇，《遗事》十五条，《事状》一篇。熹所集次，皆已校定，可缮写。……
>
> 故建安本特据潘《志》置《图》篇端，而《书》之序次名章，亦复其旧。……其大者如蒲《碣》云：“屠奸剪弊，如快刀健斧。”而潘《志》云：“精密严恕，务尽道理。”蒲《碣》但云，“母未葬”；而潘公所为《郑夫人志》，乃为“水啮其墓而改葬”。若此之类，皆从潘《志》。而蒲《碣》又云：“慨然欲有所施，以见于世。”又云：“益思以奇自名。”又云：“朝廷躐等见用，奋发感厉。”皆非知先生者之言。又载先生称颂新政，反复数十言，恐亦非实。若此之类，今皆削去。至于道学之微，有诸君子所不及知者，则又一以程氏及其门人之言为正。以为先生之书之言之行，于此亦略可见矣。然后得临汀杨方本以校，而知其舛陋犹有未尽正者。……复校旧编，而知笔削之际，亦有当录而误遗之者。如蒲《碣》自言：初见先生于合州，“相语三日夜，退而叹

---

① “延平本”见朱熹《通书后记》所附“又”文，具体收录情况不详，似乎与“建安本”大致相同。周敦颐：《周敦颐集》，第50～51页。

曰:'世乃有斯人耶!'"而孔文仲亦有祭文,序先生洪州时事曰"公时甚少,玉色金声,从容和毅,一府尽倾"之语。蒲《碣》又称其孤风远操,寓怀于尘埃之外,常有高栖遐遁之意。亦足以证其前所谓"以奇自见"等语之谬。又读张忠定公语而知所论希夷、种、穆之传,亦有未尽其曲折者。按:张忠定公尝从希夷学。而其论公事之有阴阳,颇与《图说》意合。窃疑是说之传,固有端绪。至于先生然后得之于心,而天地万物之理,巨细幽明,高下精粗,无所不贯,于是始为此《图》,以发其秘尔! 尝欲别加是正,以补其阙,而病未能也。①

朱熹编定了周敦颐的著作共《太极图》及《说》计一篇、《通书》四十章、《遗文》九篇,辑录周敦颐《遗事》十五条,编写《事状》一篇,认为以上是可供后人缮写的定本。编定时,朱熹详审诸本,比较潘兴嗣《周敦颐墓志铭》、蒲宗孟《周敦颐墓碣铭》等前人记录周敦颐言说行止的异同,认为那些称誉周敦颐之处,如处理政事干练、果决,惩处奸弊时凌厉无情,以及感念朝廷之恩、行事求标新立异等言辞,均属不理解周敦颐,与他的人品、风格不相符合。对前人记载的周敦颐称颂王安石新政的情实,也认为属虚妄不实之语,故一并删去。周敦颐著作中关乎道学精微之处的议论,以二程及程门弟子所言为凭借。除此之外,朱熹重新检讨了张咏所论陈抟、种放、穆修对《太极图》的传承,对周敦颐《太极图说》渊源产生了疑惑。考订《太极图说》时,朱熹参以己意,认为"临汀杨方本"《太极图说》首句"无极而生太极","生"字衍误,应以延平本"无极而太极"为确当,这种判断,从性质上,关乎宇宙本体论与生成论的差异。其他如《通书》"诚几德"章云"理"曰"礼","理"一作"履"。认

① 周敦颐:《周敦颐集》,第45～48页。

为两种本子"义可两通，当并存之"①，实际淡化这些语词含义的差别，反映了朱熹作为理学家重视义理方面的阐释，而淡化了原有伦理概念之间的差异。朱熹的整理和注释对正确认识周敦颐学说起到重要作用，在他的推动之下，南宋思想学术界纷纷推尊周敦颐，最后奉其为"道学宗主"。

朱熹之后，他的高徒度正遵照老师的嘱咐，不遗余力地搜访周敦颐的遗文轶事。度正不畏艰辛，遍求周敦颐后人亲族及昔年与周敦颐同游诸子的后人，搜获了一些珍贵的疏文、手谒、游记、诗作等，在此基础上，度正撰写了《周敦颐年谱》，为后人研究提供了宝贵的材料。

嗣后，历代学者对周敦颐的著作继续编纂、辑录和整理，如明嘉靖五年(1526)吕柟编《宋四子抄释》收《周子抄释》，清康熙四十七年(1708)张伯行编《周濂溪先生全集》，清乾隆二十一年(1756)董榕编《周子全书》，清道光二十七年(1847)邓显鹤编《周子全书》，清光绪十三年(1887)贺瑞麟编《周子全书》。其中，邓显鹤编本内容最为翔实全面，梁绍辉称之为"有周子书以来第一善本"②。

此外，从明代开始，陆续有人编修《濂溪志》，以地方志的形式，辑录周敦颐的著作和后人颂扬纪念周氏的诗文、颂铭、歌赋等作品，以及周敦颐年表、世系，诸儒议论，历代朝廷崇褒等。如明万历年间胥从化版《濂溪志》，李桢版《濂溪志》，周沈珂、周之翰版《周元公世系遗芳集》，明天启年间李嵊慈版《宋濂溪周元公先生集》，清康熙年间吴大镕版《道光元公濂溪周夫子志》，清道光年间周诰版《濂溪志》等数种志书，收录的周敦颐著作内容有一定出入，可以参

① 见朱熹《通书后记》所附"又"文。参见周敦颐：《周敦颐集》，第50～50页。

② 梁绍辉：《周敦颐评传》，南京大学出版社1994年版，第71页。

考。①

三　《通书》的思想内容

《通书》，是周敦颐阐释思想体系的重要著作。该书篇幅短小，共四十章，两千八百余字。最长的《乐上》章有一百八十九字，最短的《公》、《孔子下》仅二十二字。各章文字简约，结构布局散乱，不够谨严。但由于蕴含着深厚而丰富的哲理，为历代理学家所重，被奉为经典。

南宋初年，湖湘学派的开创者胡宏，在《通书序略》中这样说：

> 今周子启程氏兄弟以不传之妙，一回万古之光明，如日丽天，将为百世之利泽，如水行地。其功盖在孔、孟之间矣。
>
> 人见其书之约也，而不知其道之大也；见其文之质也，而不知其义之精也；见其言之淡也，而不知其味之长也。……人有真能立伊尹之志、修颜子之学者，然后知《通书》之言包括至大，而圣门之事业无穷矣。故此一卷书，皆发端以示人者，宜其度越诸子，直以《诗》、《书》、《易》、《春秋》、《语》、《孟》同流行乎天下。②

胡宏对周敦颐《通书》涵盖的思想意蕴的推崇，可以说到了无以复加的地步。他颂扬了周敦颐接续早已断绝的孔孟之道、传学二程的伟大功绩。指出周敦颐混论简洁的著述中包含道的真谛。认为其文质朴而其义精奥，言语淡泊而意味深长。《通书》提到的"志伊尹之所志、学颜子之所学"，是儒家倡导的修养自身达到圣人的境界，进而造福天下之民价值准则的体现。《通书》的意旨，超越

---

① 王晚霞校注：《濂溪志八种汇编》，第1～4页。

② 周敦颐：《周敦颐集》，第117～118页。

了历史上为追求大道碌碌奔忙的百家诸子，直与《周易》、《诗经》、《尚书》、《春秋》、《论语》、《孟子》同列并存，流行天下而不朽。

胡宏对周敦颐精神学说的高度弘扬，使《通书》的价值为后人所重视。历时三十余年、三次编订《通书》的朱熹，在《通书后记》中阐述了他的认识：

《通书》者，濂溪夫子之所作也。……本号《易通》，与《太极图说》并出程氏，以传于世。而其为说，实相表里，大抵推一理、二气、五行之分合，以纪纲道体之精微，决道义、文辞、禄利之取舍，以振起俗学之卑陋。至论所以入德之方，经世之具，又皆亲切简要，不为空言。顾其宏纲大用，既非秦、汉以来诸儒所及；而其条理之密，意味之深，又非今世学者所能骤而窥也。是以程氏既没，而传者鲜焉。其知之者，不过以为用意高远而已。

熹自蚤岁既幸得其遗编，而伏读之初，盖茫然不知其所谓，而甚或不能以句。壮岁，获游延平（李侗）先生之门，然后始得闻其说之一二。比年以来，潜玩既久，乃若粗有得焉。虽其宏纲大用所不敢知，然于其章句文字之间，则有以实见其条理之愈密，意味之愈深，而不我欺也。顾自始读以至于今，岁月几何，倏焉三纪，慨前哲之益远，惧妙旨之无传，窃不自量，辄为注释。虽知凡近不足以发夫子之精蕴，然创通大义，以俟后之君子，则万一其庶几焉。①

朱熹诠释了《通书》的内容和意旨。《通书》推衍了理、气、五行的分合，揭示了道体的精微；剖断了道义、文辞、利禄的取舍，使俗世之学由卑陋得以振起；论述修养道德之方、经世治国之法，又亲切、简要、务求真实允当；其纲领宏伟，堪为大用，秦汉以来，诸儒罕

① 周敦颐：《周敦颐集》，第 49～50 页。

有能及。朱熹甚至谦虚地说自早年至今，三十年过去了，自己无数次潜玩研读，仍未能“发夫子之精蕴”。《通书》的思想体系虽然并不一定完备谨严，但关涉的多重哲学面向是以往的儒家典籍未曾有过的。

从哲学阐释意义上，《通书》内容包括了宇宙论、性命论、修养论、道德论、政治论、文艺论等方面，内涵非常丰富；提出的哲学范畴，如太极、阴阳、五行、动静、刚柔、善恶、诚、理、思、无为、无欲、神、几、中、和、公、明等等，有些属于中国古代传统哲学的命题，周敦颐做了进一步的讨论和阐发，有些是在旧有概念的基础上，赋予新的哲学价值，属于创设新的哲学范畴，从而为后来的理学家开创了极大的理论空间。

尽管有丰富的哲学内容和宏伟的理论结构，《通书》中创设的哲学命题或范畴似乎难以完全按照现代西方哲学的术语、概念、范畴去加以框范、转化和诠释。以《通书》中包含复杂哲学意蕴的学术话语、原有概念，去分析其思想体系和逻辑架构，或许更有助于我们理解周敦颐学说的精神。

（一）论诚

“诚”在《通书》中凡二十见，是一个核心范畴。《诚上》、《诚下》、《诚几德》、《圣》等章，集中阐述了“诚”的观念。徐洪兴提出，周敦颐以《周易》与《中庸》互训的方法，论证“诚”这一传统的儒家范畴具有天道的本质属性，而试图重新沟通天道与性命的关系，进而为儒家的道德本体论建立一个天道自然的哲学基础。①

“诚”是一个渊源有自的道德概念。先秦时期，“诚”的观念就

---

① 徐洪兴：《周子通书导读》，周敦颐：《周子通书》，上海古籍出版社2000年版，第23页。

活跃在知识阶层的精神世界里。儒家对“诚”赋予了足够的重视。不少人认为《论语》中未见论“诚”，孔子没有提出哲学意义上的“诚”的概念，而孔子的学说只是在学理上与“诚”的思想相一致。事实上，《易传》中有对“诚”的重要的阐述，某种程度上可以理解为孔子的思想。①《周易·乾卦·文言》记载了孔子的话：“庸言之信，庸行之谨；闲邪存其诚，善世而不伐，德博而化。……君德也。”②认为言论守信，举动谨慎有节，防止言行邪恶，保持“诚”道，是君子的德行。又有“君子进德修业。忠信，所以进德也；修辞立其诚，所以居业也”③。君子修饰言辞，树立“诚”道，就可以积蓄功业。孔子突出了“诚”的道德修养意义。

孟子肯定了“诚”对修身的作用，并进一步把“诚”与“天道”、“人道”相联系。《孟子·离娄上》说：“诚身有道，不明乎善不诚其身矣。是故，诚者天之道也，思诚者人之道也。至诚而不动者未之有也，不诚未有能动者也。”④认为“诚”具备沟通天道、人道的本质意义，同时“诚”与“动”——人心的触动、领悟天人之道后的积极行动密不可分。孟子“诚”的思想，被此后的儒家学派所承继。如《礼记·中庸》中阐述的治理国家的原则中，有一些内容便完全承袭《孟子》学说。周敦颐的“诚”论，也受到此种影响。

---

① 关于《易传》的作者问题，汉代学术界较权威观点，如司马迁《史记·孔子世家》所言，为孔子作。宋欧阳修认为除《彖传》、《象传》外，其他均非孔子所作。长期以来，学者聚讼纷纭。现在较有影响的看法是《易传》作于春秋战国间，经传作者均非一人，当是经过多人加工编纂而成。《易传》中“子曰”等言论，以及大部分内容反映的浓厚的儒家思想，可能其作者属于孔门弟子。由此，《易传》中的“诚”，很大程度上是符合孔子的思想的。可参看黄寿祺、张善文：《周易译注》，上海古籍出版社 2001 年版，第 11～14 页。

② 黄寿祺、张善文译注：《周易译注》，第 12 页。

③ 黄寿祺、张善文译注：《周易译注》，第 13 页。

④ 金良年撰：《孟子译注》，上海书店 2004 年版，第 104 页。

除孟子外，儒家另一重要代表人物荀子，亦对“诚”有深刻的论述，《荀子·不苟》：

君子养心莫善于诚，致诚则无它事矣。唯仁之为守，唯义之为行。诚心守仁则形，形则神，神则能化矣；诚心行义则理，理则明，明则能变矣。变化代兴，谓之天德。天不言而人推高焉，地不言而人推厚焉，四时不言而百姓期焉。夫此有常，以至其诚者也。君子至德，嘿然而喻，未施而亲，不怒而威。夫此顺命，以慎其独者也。善之为道者，不诚则不独，不独则不形，不形则虽作于心，见于色，出于言，民犹若未从也，虽从必疑。天地为大矣，不诚则不能化万物；圣人为知矣，不诚则不能化万民；父子为亲矣，不诚则疏；君上为尊矣，不诚则卑。夫诚者，君子之所守也，而政事之本也。

……

公生明，偏生暗，端悫生通，诈伪生塞，诚信生神，夸诞生惑。此六生者，君子慎之，而禹、桀所以分也。①

《荀子》的这篇文字，与《礼记》之《中庸》、《大学》篇关系密切。荀子认为，“敬”对“养心”（修养身心）最为重要。君子守仁行义，关键在于是否能做到“诚”。君子有了“诚”，则仁爱形之于外，下民尊之如神，从而可以化育百姓。做到了“诚”，行义之事就有了条理，然后就明白，推行就容易，就能变革时弊，使民众化恶迁善。天地四时之所以恒常如此，就因极“诚”所致。从修身说，慎独才能做到“诚”。从天地大道说，“诚”才可以化育万物，圣人有了“诚”才可以教化万民。“诚”是君子最重要的操守，也是政事的根本。

总体上说，孟子、荀子对“诚”的重视，主要还是在特定的“修养

① 王先谦撰，沈啸寰、王星贤点校：《荀子集解》，中华书局1988年版，第46～51页。

工夫论”中体现的，在二者的思想体系中，只是处于次要地位。从天道至人道，从修身到治世，把“诚”置于一个核心的地位来论证的是《礼记·中庸》，其中对“诚”论证可见：

诚者，天之道也；诚之者，人之道也。诚者不勉而中，不思而得，从容中道，圣人也。诚之者，择善而固执之者也。……

自诚明，谓之性；自明诚，谓之教。诚则明矣，明则诚矣。

唯天下至诚，为能尽其性；能尽其性，则能尽人之性；能尽人之性，则能尽物之性；能尽物之性，则可以赞天地之化育；可以赞天地之化育，则可以与天地参矣。

其次致曲。曲能有诚，诚则形，形则著，著则明，明则动，动则变，变则化。唯天下至诚为能化。

至诚之道，可以前知。国家将兴，必有祯祥；国家将亡，必有妖孽。见乎蓍龟，动乎四体，祸福将至，善必先知之，不善必先知之。故至诚如神。

诚者自成也，而道自道也。诚者物之终始，不诚无物。是故君子诚之为贵。诚者非自成己而已也，所以成物也。成己，仁也；成物，知也。性之德也，合外内之道也，故时措之宜也。故至诚无息。不息则久，久则征，征则悠远，悠远则博厚，博厚则高明。博厚所以载物也，高明所以覆物也，悠久所以成物也。博厚配地，高明配天，悠久无疆。如此者，不见而章，不动而变，无为而成。

……

唯天下至诚，为能经纶天下之大经，立天下之大本，知天地之化育。①

从学术发展演变看，《中庸》的“诚”，显而易见地吸纳了孟子等

① 杨天宇：《礼记译注》，上海古籍出版社2004年版，第702～711页。

早期思想家的理论成果。"诚"是一个关涉宇宙本体论和人性本体论的哲学范畴,通贯天人之道的概念,体现了先秦儒家"天人合一"的思维模式。然而,《中庸》论"诚",并没有明确阐述"诚"的来源是什么,它的具体含义又是什么。同时,从汉至唐长期的儒学发展史中,汉儒专事训诂名物、经学笺注的传统延续久远,涵括《中庸》与《大学》的《礼记》一直得不到重视。《中庸》"诚"的观念也一直隐而不彰。

直到中唐,以韩愈为代表人物推动的儒学复兴运动,为道学的产生奠定了基础。韩愈宣扬道统,推尊孟子,排斥并抨击佛教,阐扬《大学》之论,倡导性情之说。韩愈的学生李翱承继并发展了韩愈的性情说。李翱《复性书上》说:"人之所以为圣人者性也,人之所以惑其性者情也。"①人具有成就圣人的本性,但这种本性往往因情所惑。"性者天之命也,圣人得之而不惑者也;情者性之动也,百姓溺之而不能知其本者也。圣人者岂其无情邪?圣人者,寂然不动,不往而到,不言而神,不耀而光,制作参乎天地,变化合乎阴阳,虽有情也,未尝有情也。"②圣人之道的核心是不惑于性,不溺于情,能够秉持一种寂然不动的境界。他讨论了复性良方,强调了"诚"对"复性"的意义。他在《复性书》中说:

> 是故诚者,圣人性之也,寂然不动,广大清明,照乎天地,感而遂通天下之故,行止语默,无不处于极也。复其性者,贤人循之而不已者也,不已则能归其源矣。③

> 道者至诚也,诚而不息则虚,虚而不息则明,明而不息则

① 李翱:《李文公集》卷二《复性书上》,上海古籍出版社 1993 年版,第 6 页。

② 李翱:《李文公集》卷二《复性书上》,第 6 页。

③ 李翱:《李文公集》卷二《复性书上》,第 7 页。

照天地而无遗，非他也，此尽性命之道也。①

道也者，至诚也。至诚者，天之道也。诚者定也，不动也。②

李翱认同并发挥了《中庸》之“诚”天人之道的意旨，“诚”的特点是寂然不动、广大清明，可以观照天地、通晓天下之事。天人之道的本质也是至诚的，表现为运转不息、空虚而映照天地，这也是性命之道的真正含义。李翱赋予了“诚”新的理论意义，认为“诚”本质上与圣人之性相一致。他进而把圣人之性的至诚心态，解释为无虑无思、摒思去情。他在讨论如何复性，达到圣人之境时说：

或问曰：“人之昏也久矣，将复其性者，必有渐也，敢问其方？”曰：“弗虑弗思，情则不生，情既不生，乃为正思。正思者，无虑无思也。”《易》曰：“天下何思何虑？”又曰：“闲邪存其诚。”《诗》曰：“思无邪。”曰：“已矣乎？”曰：“未也，此斋戒其心者也，犹未离于静焉。有静必有动，有动必有静，动静不息，是乃情也。”……曰：“方静之时，知心无思者，是斋戒也。知本无有思，动静皆离，寂然不动者，是至诚也。”③

李翱的复性之说，目的是为了寻找抵达圣人之境的方法。他把这种修养功夫归结为“弗虑弗思”④。方其静时，不思不虑，是为了斋戒其心。动静不止时，寂然无思，是为了至诚复性。他用“至诚”解释圣人最高的智慧境界，提出的“以诚复性”说，显然与其受到佛教学说的影响有关。像“知心无思者，斋戒也”、“诚者定也，不动也”，带有明显的佛说因素。尽管如此，李翱在《复性书》中提出的“心性论”问题引起了后来儒学家的关注，他所解释的道统突出

---

① 李翱：《李文公集》卷二《复性书上》，第 7 页。

② 李翱：《李文公集》卷二《复性书中》，第 9 页。

③ 李翱：《李文公集》卷二《复性书中》，第 8 页。

④ 陈来：《宋明理学》，华东师范大学出版社 2004 年版，第 26 页。

了子思的地位,也提高了《中庸》的经典地位。他的“诚”说和修养论,启发了周敦颐。

“诚”在周敦颐之前思想家的学说体系中,具备了天道、人道的性质。但这种性质因何而生,“天道的诚”与“人道的诚”产生的基础和根源是什么?这是后来的思想家需要做出回答的。周敦颐援佛道入儒,吸收了《中庸》、《周易》以及李翱等“诚”的思想,建构了以“诚”为中心的理学思想体系。下面,我们分以下几个方面论述:

1. “诚”的起源和确立

周敦颐首先肯定了“诚”的性质和功用,讨论了“诚”的来源和生成过程。他在《通书·诚上第一》章中说:

> 诚者,圣人之本。“大哉乾元,万物资始”,诚之源也。“乾道变化,各正性命”,诚斯立焉。纯粹至善者也。故曰:“一阴一阳之谓道,继之者善也,成之者性也。”元、亨,诚之通;利、贞,诚之复。大哉《易》也,性命之源乎!

作为圣人所以成为圣人的根本,“诚”来源于“乾元”之道。“大哉乾元,万物资始”,出自《周易·乾卦·彖传》,万物生长化育,都是因为乾元之道。《通书》的意蕴与《太极图》相表里。“乾元”,在周敦颐的思想体系中,等同于太极,等同于阴阳五行。《太极图说》讲“太极动而生阳,动极而静,静而生阴。静极复动。一动一静,互为其根。分阴分阳,两仪立焉。……阳变阴合,而生水、火、木、金、土。五气顺布,四时行焉。……五行,一阴阳也;阴阳,一太极也。……‘乾道成男,坤道成女’,二气交感,化生万物”①。这种宇宙生成论的观念,包容广大,涵盖万事万物。“诚”自然由此而生。而“乾道变化,各正性命”,是说天道不断运行变化,万物各自秉承天道,静定精神,确立自身的形体、实质。作为兼具天道的本体属

① 周敦颐:《周敦颐集》,第4~5页。

性,又具备道德本体意义的“诚”,这一范畴的确立,自然也是顺应天道运行而来的。朱熹解释“诚”说:“至实而无妄之谓,天所赋、物所受之正理也。”①这种真实无妄的至高无上的本体,一定纯正精粹,最为美善。进一步说,《周易·系辞下》说“一阴一阳之谓道,继之者善也,成之者性也”,这样元始、亨通,万物各有其利,坚固贞正,而“诚”也因之通达顺遂,运转往复。“大哉《易》也,性命之源乎”,周敦颐赞扬《周易》之理博大精深,涵盖了万物秉承天道的性命精神,也是在表示天道之“诚”生成和确立的高深奥妙。对“诚”的起源的阐释,从本质上确定了“诚”的天道属性,也为“诚”的道德属性的确立提供了基本前提。

2. “诚”的道德伦理品性

“诚”对树立理想道德人格,确立社会道德价值更有意义。周敦颐对“诚”的道德意义作了深刻的论述:

> 圣,诚而已矣。诚,五常之本,百行之源也。静无而动有,至正而明达也。五常百行,非诚,非也,邪暗,塞也。故诚则无事矣。至易而行难。果而确,无难焉。故曰:“一日克己复礼,天下归仁焉。”②

周敦颐认为,圣人之境,也无非是“诚”的境界罢了。仁、义、礼、智、信五常之道,各种美德,共同的本源就是“诚”。作为道德本体,“诚”具有静无动有的特征。阴静之时,诚未形之于外,默然不见;“寂然不动者,诚也”(《通书·圣第四》),“诚”保持静寂不动的本然状态,一旦动而阳生,则“诚”显明可见。在动静有无之间,“诚”既是至为正大之道,又显明通达。“诚”存在的意义在于,它是五常百行的内核,各种道德品操借此得以实现。有了“诚”的贯注,

---

① 周敦颐:《周敦颐集》,第 13 页。

② 《通书·诚下第二》。

自然顺应天道,没有变故事端。从反面说,如果没有“诚”的贯注,道德将趋于邪僻险恶,行事也会阻塞不通。“诚”是道德的自然本性,可惜,人们常常会因为私欲而改变这种本性,使“诚”湮没不显。“诚”的实现,本质上与儒家宣扬的最高道德标准“仁”一样,需要的是躬行实践。这样,周敦颐又提到了“诚”的实现问题。

3. “诚”的实现

周敦颐说:“诚,无为。”(《通书·诚几德第三》)又说:“无妄则诚。”(《通书·家人睽复无妄第三十二》)按照天道自然和人心的本然状态,真实无妄,静无动有,拒绝人为矫饰,就是“诚”。好像只需默默体会,不需通过修养就可以实现。实际上,这是周敦颐提出的最高级别的实现“诚”的方法,只有圣人才能达到。“诚者,圣人之本。”“圣,诚而已。”不只强调“诚”的重要地位和功用,也在说明只有圣人才能自然而然实现“诚”。

为了深入阐明实现“诚”的途径,周敦颐论证了“诚”、“几”、“德”的逻辑层次。《诚几德第三》说:“诚,无为;几,善恶。德:爱曰仁,宜曰义,理曰礼,通曰智,守曰信。性焉、安焉之谓圣。复焉、执焉之谓贤。发微不可见,充周不可穷之谓神。”因为“诚”是无为的,只在静动之间呈现,需顺应而行。关键在于把握静动之间的“几”,因为“几”有善有恶。延伸至德行方面,仁是惠爱于人,义是做得适宜得当,礼是合乎道理,智是通达事理,信是坚守原则。这些都是把握了“几”,进而做到了“诚”。圣贤就是顺着本性、复归本性而行。在发动时微妙难寻,“诚”却随之充盈周遍,这就可以称作神了。《通书·圣第四》又说:“诚精故明,神应故妙,几微故幽。诚、神、几,曰圣人。”“诚”是精粹纯正的,所以澄澈清明,而神能感应外物变化故而巧妙,“几”则隐微因而幽暗不彰,而圣人之所以为圣人,就在于顺应天道,持有“诚”,感应万物神妙,掌握隐微的征兆。这也才是真正实现了“至诚”。

对于有志于大道的君子来说,《通书·乾损益动第三十一》说:“君子乾乾,不息于诚,然必惩忿窒欲、迁善改过而后至。”君子刚健自强,奋发有为,需要致力于修养诚,抑制忿怒的情绪,堵塞不正当的欲望,迁善改过,才能达到“诚”的境地。黄宗羲高度评价了周敦颐“诚”说,《宋元学案·濂溪学案》说:

> 周子之学,以诚为本。从寂然不动处握诚之本,故曰主静立极。本立而道生,千变万化皆从此出。化吉凶悔吝之途而反复其不善之动,是主静真得力处。静妙于动,动即是静。无动无静,神也,一之至也,天之道也。千载不传之秘,固在是矣。①

黄宗羲认为,周敦颐以“诚”为本的学说,抓住了大道本源状态。只有在寂然不动之处,才可以把握“诚”这一根本的特质。《太极图说》中所说的“主静立极”便由此来。由此生发,道千变万化,吉凶悔吝皆为其反复变动。动静皆为蕴藏大道的存在形态,而神为无动无静的至境。这样从原初臻至化境,“诚”揭示和展现了深邃精密、丰富博大的意涵。黄宗羲之语,主要称颂周敦颐揭橥“诚”体之功。从“诚”天道属性的确立,到“诚”的道德伦理属性及表现特质,再到“诚”、“几”、“德”的道德逻辑层次和实现途径,周敦颐完成了天道之“诚”与人道之“诚”的理论构建,使儒家的价值观与天道观统一起来,为宋代儒学的发展开辟了道路。

(二)论性命

周敦颐的学说,不局限于最高道德伦理的发挥和弘扬。他的道德境界说是建树在对人性最基本认识方面上的。周敦颐有时论

---

① 黄宗羲著,全祖望补修:《宋元学案》,中华书局 1986 年版,第 523 页。

"性",有时合论"性命"。"性命"论,主要见于《通书》的《诚上第一》、《诚几德第三》、《师第七》、《理性命第二十二》等章,性与性命意义想通,具体论述由于强调的方面不同,用法则不同。而在《理性命第二十二》章中,未出现"理"、"性命"等语,阐发的确属性命论。如朱熹径自解释说《理性命第二十二》章相应的文句"此言理也"、"此言性也"、"此言命也"。① 而清儒孙奇逢则予以折中,认为"在天为命,在人为性,理一而已,所谓万殊一本"②。性、命、理三者,在本质上是一致的。这在一定程度上揭示了周敦颐性命论的特点。

1. 性的分类

《通书·诚上第一》章,周敦颐引用《易传》"一阴一阳之谓道,继之者善也,成之者性也",认为人性中本来具备成就天道的属性。《通书·诚几德第三》章在论仁、义、礼、智、信五德时,"性焉、安焉之谓圣",认为这五种德行也是人性的本质,顺之而行即可成就圣人。性本身包含通达天道、人道的属性、因素。但是,指通天道、达至圣境,并不是自然而然形成的。性具有丰富性和复杂性,具体分为五种属性。《通书·师第七》说:

> "性者,刚柔、善恶,中而已矣。""不达。"曰:"刚善,为义,为直,为断,为严毅,为干固;恶,为猛,为隘,为强梁。柔善,为慈,为顺,为巽;恶,为懦弱,为无断,为邪佞。"惟中也者,和也,中节也,天下之达道也,圣人之事也。故圣人立教,俾人自易其恶,自至其中而止矣。

周敦颐论性,认为人性有刚、柔、善、恶、中五种。其中,刚、柔、善、恶互相结合,形成刚善、刚恶、柔善、柔恶,加上中,形成性的不

① 周敦颐:《周敦颐集》,第 32 页。

② 周敦颐:《周子全书》,商务印书馆 1937 年版,第 169 页。

同层次。刚善之性，表现为义（正义）、直（正直）、断（临事决断、果断）、严毅（严肃坚毅）、干固（干练坚强）；刚恶之性，表现为猛（凶猛）、隘（心胸狭隘）、强梁（强横凶悍）。柔善之性，表现为慈（慈善）、顺（温顺）、巽（谦恭）；而柔恶之性，则表现为懦弱、无断（不能作决断）、邪佞（邪恶奸佞）。这些类别的性，尽管像刚善、柔善，有可以肯定之处，但都不是最完善之性。最完善的性是中，中即是和，和谐适中，合乎礼仪法度，这是天下通行不变之道。周敦颐认为，性具有中，那是圣人做的事。而圣人施行教化的目的，是要人自省改过，自己达到中的境界。

"中"的观念，本身来自《礼记·中庸》："喜怒哀乐之未发，谓之中；发而皆中节，谓之和。中也者，天下之大本也；和也者，天下之达道也。"《中庸》阐释了天下之大道的最大的根本。"中"的精神品格，被周敦颐引入人性论的层次。周敦颐揭示了种种人性的复杂表现，明确提出了人性最完善、最高的层次"中"。并且指出了性达到中的基本途径，建立师道："故先觉觉后觉，暗者求于明，而师道立矣。师道立，则善人多；善人多，则朝廷正，而天下治矣。"（《师第七》）依靠先通晓事理的人开导后知者，不明事理者求教明事理之人，这样，逐渐善人增多，朝廷风清弊绝，就会天下大治。周敦颐的人性论，不同于孟子的性善论，也不同于荀子的性恶论。他如董仲舒的"性三品"说，扬雄的"性善恶混"等，皆有所不及。周敦颐阐明的人性理论，也成为宋明理学家时时讨论的重要命题。

2. 性命的来源

在《通书·诚上第一》章里，周敦颐明确提出了性命的来源问题："大哉《易》也，性命之源乎。"至于《易》何以是性命的来源，是因为《易》蕴含着揭示性命之道的精神。天地之间，乾元之道为万物之始，乾道变化而阴阳交错，如朱熹所言，"实理流行，一赋一受于其中,亦犹是也”①。天地阴阳所赋予,人所秉受,性命就生成了。进而言之,刚善、刚恶、柔善、柔恶、中和之性,这些均来自于太极、阴阳、五行的变化:

> 二气五行,化生万物。五殊二实,二本则一。是万为一,一实万分。万一各正,小大有定。②

周敦颐的性命论来源于他的宇宙万物生成论。周敦颐认为,万物来源于阴、阳二气和金、木、水、火、土五行的化生。五行的不同,归因于阴、阳二气的实质;阴、阳二气源于太极。归根结底,世间万物归本于太极,太极生万物。万物、太极各正其位,则大大小小万事万物也都有它自身确定的属性。《理性命第二十二》章中的宇宙生成论与《太极图说》所论完全相同,需要和《太极图说》结合理解。《太极图说》:

> 太极动而生阳,动极而静,静而生阴,静极复动。……分阴分阳,两仪立焉。……阳变阴合,而生水、火、木、金、土。……五行,一阴阳也;阴阳,一太极也;太极,本无极也。五行之生也,各一其性。无极之真,二五之精,妙合而凝。……二气交感,化生万物。万物生生,而变化无穷焉。惟人也,得其秀而最灵。形既生矣,神发知矣,五性感动,而善恶分,万事出矣。③

《理性命第二十二》章与《太极图说》阐释了相同的宇宙生成过程。今人杨立华敏锐地指出,周敦颐以一种极为朴素的目光看待这个世界,这种目光里没有怀疑论的传统,充满了对宇宙的自信和确信。周敦颐阐释的世界是一个真实的生生不息的至真存在,尽

---

① 周敦颐:《周敦颐集》,第 14 页。
② 《通书·理性命第二十二》。
③ 周敦颐:《周敦颐集》,第 4～6 页。

管这个至真存在是没有形体、看不见的，但它是真实的存在。① 宇宙的生成及运行过程是一个总法则，人的特殊价值就在于承应和体现这一法则。尽管人与万物皆始由太极、阴阳、五行运行而化生，但人与万物最大的区别在于，人得到阴阳、五行中最秀异之质，因而在万物中最具灵性。人形体即生，神智精神也由此生发。五行各有其秉承的质性，相应地，人感应外物而形成五性，因感应不同，产生善恶的不同。由此，刚、柔、善、恶、中五性，便有了来自阴阳五行等天道的理据。把人的本性与天地宇宙的本性统一起来，复杂多样的人性所体现的人类道德法则有了天地宇宙本性的最终解释，这是周敦颐超越前人的重大理论创建。

《理性命》篇题的解释历来颇有争议。按梁绍辉《通书义解》的说法，"理"为"治理"、"整理"之义。"理性命"即治理"性命"。因为刚柔善恶之性都不是理想之性，欲达到中和之性，必须对性加以治理。② 此可为一说。然而，因篇章所蕴含义理的丰富性，"理性命"成为宋代理学关于"理气"论思想范畴形成的滥觞。程颢曾说："二气交运兮，五行顺施；刚柔杂揉兮，美恶不齐；禀生之类兮，偏驳其宜；有钟粹美兮，会元之期。圣虽可学兮，所贵者资。"③这很明显是周敦颐宇宙生成与人性萌生论的翻版。而像二程所说的"二气五行刚柔万殊，圣人所由惟一理，人须要复其初"④，也应是周敦颐论说的推衍。二程"理"的学说生成，是无法回避周敦颐性命论的铺垫的。

---

① 杨立华：《诚体与太极·周敦颐的哲学》，《宋明理学十五讲》，北京大学出版社 2015 年版，第 48 页。

② 梁绍辉：《太极图说通书义解》，海南出版社、三环出版社 1991 年版，第 158～162 页。

③ 程颢：《李寺丞墓志铭》，《二程集》，第 499 页

④ 《河南程氏遗书》卷六，《二程集》，第 83 页

性命形成与来源问题，经朱熹进行的义理性阐发，其理论价值更为突出。朱熹说：

此言命也。二气五行，天之所以赋受万物而生之者也。自其末以缘本，则五行之异，本二气之实，二气之实，又本一理之极。是合万物而言之，为一太极而已也。自其本而之末，则一理之实，而万物分之以为体。故万物之中，各有一太极，而小大之物，莫不各有一定之分也。①

朱熹认为，周敦颐阐述的是"命"的主题。二气五行，是天由此赋予并生养万物的，万物归本为"一理之极"，同为一个理的终极、顶端。如果从统和万物来讲，即为"太极"。从太极、理这样终极的范畴推衍，理贯通、落实于万物，则万物各自分为不同的实体。所以，万物各自包含着"太极"，不管大小巨细，其个体存在，均包含有源于太极、理的一定的分属。按朱熹的诠释，《理性命》章的"理"，与后来理学家所宣扬"天理"之理，也成为宋明理学的基本范畴。

3. 性命的特质

区分了性的不同种类和层次之外，周敦颐勾勒了性的特质："厥彰厥微，匪灵弗莹。"②性蕴含着大道理，或显明，或隐微，靠人心的聪慧灵敏，方有可能认识察觉。这被朱熹认为是"此言理也。阳明阴晦，非人心太极之至灵，孰能明之"③。认为此句阐述的是"理"，因为"性"、"命"的产生归因于"太极"，至为灵明的人心才能洞彻抵达太极的境界。

在明确提出了性命的来源问题时，周敦颐提出《易》之"元亨利贞"四德，既是"诚"的形成及存在的形式，也是性命产生的源头。

---

① 周敦颐：《周敦颐集》，第 32 页。

② 《通书·理性命第二十二》。

③ 周敦颐：《周敦颐集》，第 32 页。

从宇宙论、本体论的角度,“性”与“诚”一样,继善成性,即是元亨利贞。二者均由宇宙初始状态的无极、太极演化生成,都来自乾元之道。从人性论与道德论的角度,“诚”寂然不动,不仅无善恶的对立,而且是纯粹至善的本然之性,一切道德由此而生发。而“性”自身却有刚柔善恶的区分。“诚”是成就圣人、圣功的基础,指向最高的道德;而“性”则是由天道运行、阴阳交感、五行变化所生,具有各种各样、善恶有别的气质类型,对应着现实世界的人性百态。周敦颐通过调和人性论与宇宙论、本体论的统一,善恶与刚柔构建不同的人性层次。有研究者认为,周敦颐将李翱的性情二元重叠关系加以宇宙本体化形成独特的人性论。周敦颐的人性论呈现出性二元论的萌芽形态,其本体之诚虽是两截,但已从宇宙本体之最上端基本普及到具体事物,虽然在下半截其思想又恢复到整体体用论,然而这一思路却标指出以后学术发展的方向。①

周敦颐提出的“诚”、“性”两种不同的人性论概念,一定程度上启发诱导了后来的程颢、张载、朱熹等理学家。周敦颐提出的纯善的“诚”,是与他所论的性分之为五的“中”之性是相统一、相贯通的概念,在宋代理学家有关人性论的争论中,大抵等同于“天命之性”,或“天地之性”,所论的“性”,等同于“气质之性”。程颢说:

> “生之谓性”,性即气,气即性,生之谓也。人生气禀,理有善恶,然不是性中元有此两物相对而生也。有自幼而善,有自幼而恶,是气禀有然也。善固性也,然恶亦不可不谓之性也。盖“生之谓性”、“人生而静”以上不容说,才说性时,便已不是性也。凡人说性,只是说“继之者善”也。……故不是善与恶在性中为两物相对,各自出来。此理,天命也。顺而循之,则

---

① 李晓春:《宋代性二元论研究——兼论理一分殊的体用论是中国哲学的核心思维方式》,中国社会科学出版社2006年版,第72～79页。

道也。循此而修之，各得其分，则教也。自天命以至于教，我无加损焉。此舜有天下而不与焉者也。①

程颢认为，性是人生而具备的“气”。人生而气得以秉承，这其中包含着或善或恶的人性之“理”。善恶相对并非人性的本原。自幼而恶者，是人秉受天地造化赋予的气的某种特质而然，善恶皆为人性，只是往往人们谈人性时注重强调人从天那里承继善性罢了。“此理，天命也”，这样的理，即是天命，理蕴含的性，也就是天命之性。而“生之为性，性即气”，则可以等同为宋代大儒张载所论的“气质之性”。这是一个重要的理论创建。朱熹对此评说：“程子论性所以有功于名教者，以其发明气质之性也。以气质论，则凡言性不同者，皆冰释矣。退之言性亦好，亦不知气质之性耳。”②由于“气质”的引入，化解了性的善恶不同表象与性的本元为善之间存在的抵牾。

程颢又曾说：

性即理也，理则尧舜至于涂人一也。才禀于气，气有清浊，禀其清者为贤，禀其浊者为愚。学而知之，则气无清浊，皆可至于善而复性之本，汤武身之是也。③

论性不论气，不备；论气不论性，不明。④

程颢的人性论中，不仅讲“性”，讲“气”，还进一步引入了“才”的概念来解释“气”何以影响了人性的善恶。认为性即理，从尧舜一样的圣人到寻常的庸人其实都是一样的。而“才”禀受了“气”，气分清浊，就造成禀受气的人有贤愚善恶之分。看来，只有通过求

---

① 《河南程氏遗书》卷一，《二程集》，第 10～11 页。

② 黎德靖编，王星贤点校：《朱子语类》卷四，第 70 页。

③ 朱熹：《孟子集注》卷十一《告子章句上》，《四书章句集注》，中华书局 1983 年版，第 329 页。

④ 黎德靖编，王星贤点校：《朱子语类》卷四，第 70 页。

学方能获得大道，不管起初禀受的“气”清浊如何，都可以通过求学抵达人性之善，进而回归人性的本原。性与气，是探究人性论不可或缺的两个方面。程颐对性与气的解释，包含着对人性的起源（天命之性）和人性展示的善恶对立（气质之性）二者之间的辩证认识。

宋儒的人性论建构中，张载明确提出了“天命之性”与“气质之性”的对立人性结构。张载在《正蒙·诚明》中说：

> 性于人无不善，系其善反不善反而已，过天地之化，不善反者也；命于人无不正，系其顺与不顺而已，行险以侥幸，不顺命者也。
>
> 形而后有气质之性，善反之则天地之性存焉。故气质之性，君子有弗性者焉。
>
> 人之刚柔、缓急、有才与不才，气之偏也。天本参和不偏，养其气，反之本而不偏，则尽性而天矣。性未成则善恶混，故亹亹而继善者斯为善矣。恶尽去则善因以成，故舍曰善而曰“成之者性”也。①

这里，张载认为，对于人来说，无不善之性，主要在于是否善于修养原本的善性罢了，逾越天性，入于寂静空虚之境，实在是属于不善于修持善性。天命之于人是公正允平的，关键在于是否顺应天命行事。天命流行，气聚集成形，形成气质之性，善于修持则天地之性就能存留。说到底，气质之性，君子是不认为那是人的本性的。人的气质之性有刚柔、缓急、才与不才的区别，这是气之偏颇所致。而天地之性则参合太极、阴阳，不偏不倚。人如果善于养气，回归本性而去除偏颇，本性就得以充分发挥而与天相合。张载提出天地之性与气质之性的概念，说明人性存在着现实状态与理想状态的关系，进而指出人自身存在着通过修持善性，进而“成

① 张载著，章锡琛点校：《张载集》，中华书局 1978 年版，第 22～23 页。

性”，达到圣人君子拥有的纯善之境界。

二程与张载的人性论，表面看都以孟子的性善说为论说的起点，理论结构虽有所不同，但在实质上具备相同的价值担当。有人请教朱熹，说程颐把孟子的“性善”诠释为“极本穷原之性”，把孔子所称的“性相近”之性诠释为“气质之性”，这些固然可以理解，而《中庸》所说“天命之谓性”到底是极本穷原之性还是气质之性？朱熹回答说：

> 性也只是一般。天之所命，何尝有异？正缘气质不同，便有不相似处，故孔子谓之“相近”。孟子恐人谓性元来不相似，遂于气质内挑出天之所命者说与人，道性无有不善，即子思所谓“天命之谓性”也。①

无论天命之性还是气质之性，其本元的“性”是完全一致的，是善的。这方面孔孟无有本质的区别。因为气质不同，性便有了不同。而孟子从气质说中区别出天命之说，就是为了言明性无有不善的，这与子思所倡“天命之为性”毫无二致。

朱熹深刻地认识到无论天命之性，还是气质之性，二者联系极其紧密，只是性在不同层面上的体现。他敏锐地发现程颐所称的“才”，与张载所论的“气质之性”是相同的。他在总结程颐和张载的人性论时说：“程子此说才字，与孟子本文小异。盖孟子专指其发于性者言之，故以为才无不善；程子兼指其禀于气者言之，则人之才固有昏明强弱之不同矣，张子所谓气质之性是也。二说虽殊，各有所当，然以事理考之，程子为密。盖气质所禀虽有不善，而不害性之本善；性虽本善，而不可以无省察矫揉之功，学者所当深玩

① 黎德靖编，王星贤点校：《朱子语类》卷四，第69页。

也。"①程颐、张载之说虽有不同，但都揭示了人性的复杂和精微，在特定的价值语域之内都是允当的。归根到底，这些无出周敦颐人性论涉及的哲理范畴。朱熹说：

所谓"天命之谓性"者，是就人身中指出这个是天命之性，不杂气禀者而言尔。若才说性时，则便是夹气禀而言，所以说时，便已不是性也。濂溪说："性者，刚柔善恶中而已矣。"濂溪说性，只是此五者。他又自有说仁义礼智底性时。若论气禀之性，则不出此五者。然气禀底性，便是那四端底性，非别有一种性也。然所谓"刚柔善恶中"者，天下之性固不出此五者。然细推之，极多般样，千般百种，不可穷究，但不离此五者尔。②

就生成而论，天命之性是本原的人性。但言说现实的人性时，已羼杂因人而异秉承上天而形成的不同人性差异，便不是单纯的、本原的人性。周敦颐既说刚、柔、善、恶、中之五种人性，又说仁、义、礼、智之人性，实质上皆为人秉承上天所形成的人性，只是属性样态和伦理价值呈现的不同表征。天下庶众熙攘，人性纷繁驳杂形态成百上千，实质不外乎刚、柔、善、恶、中这五种也！周敦颐的性命论说，成为宋儒性命论、人性论理论架构与创生的渊薮，展示了质朴无华又意蕴无穷的哲理境界。

（三）论学

传统儒家自孔子始，就有向学求道的传统。孔子常常以"好学"自许。《论语》中，孔子论学的篇章如："十室之邑，必有忠信如

---

① 朱熹：《孟子集注》卷十一《告子章句上》，《四书章句集注》，中华书局1983年版，第329页。

② 黎德靖编，王星贤点校：《朱子语类》卷九十五，第2431～2432页。

丘者焉，不如丘之好学也”①、“卫公孙朝问于子贡曰：‘仲尼焉学?’子贡曰：‘文武之道未坠于地，在人。贤者识其大者，不贤者识其小者，莫不有文武之道焉。夫子焉不学？而亦何常师之有？’”、“君子学以致其道”、“日知其所亡，月无忘其所能，可谓好学也已矣”、“仕而优则学，学而优则仕”②、“子曰：‘吾尝终日不食、终夜不寝以思，无益，不如学也’”③，等等。提醒人们习的重要性，劝勉人为学。孔子好学敏求，孜孜于大道的追寻，这样的精神和品格，被后儒承继和效仿，并不断发扬光大。

作为孔子思想的传承人，孟子论学，亦有弘扬仁义道统的强烈愿望。孟子说：

> 仁，人心也；义，人路也。舍其路而弗由，放其心而不知求，哀哉！人有鸡犬放，则知求之；有放心，而不知求。学问之道无他，求其放心而已矣。④

仁是人心固有的、最重要的、最有价值的东西；义，是人立身行事的大道。可惜的是，人们往往丧失仁爱之心，舍弃大道而不自知。学问之道，就在于寻求失去的仁爱之心，重归大道。孟子还说“大匠诲人，必以规矩；学者亦必以规矩”⑤，学者要尊奉求学的规矩和仪则，遵守治学之道。这是今天读书做学问的人也要遵循的

---

① 《论语・公冶长》，金良年撰：《论语译注》，上海古籍出版社 2004 年版，第 52 页。

② 《论语・子张》，金良年撰：《论语译注》，上海古籍出版社 2004 年版，第 230～236 页。

③ 《论语・卫灵公》，金良年撰：《论语译注》，上海古籍出版社 2004 年版，第 192 页。

④ 朱熹：《孟子集注》卷十一《告子章句上》，《四书章句集注》，第 333～334 页。

⑤ 朱熹：《孟子集注》卷十一《告子章句上》，《四书章句集注》，第 337 页。

大道理。孟子认为“学不厌，智也；教不倦，仁也。仁且智，夫子既圣矣乎。夫圣，孔子不居”①，孔子好学不厌，施教不倦，既仁且智，却不以圣人自居。并且孔子“可以仕则仕，可以止则止，可以久则久，可以速则速”②，为官仕任之道也充满着智慧的理性，以实践仁政大道为己任，不与时俯仰，不汲汲于名利得失。这也是孟子热诚期待与追寻的道德境界：“吾未能有行焉；乃所愿，则学孔子也。”③追慕并效法孔子，弘扬仁义道统，是孟子论学的主旨。

荀子更是明确阐述了君子求学求道的途径和意义。如荀子说：

> 学恶乎始？恶乎终？曰：其数则始乎诵经，终乎读礼；其义则始乎为士，终乎为圣人。真积力久则入，学至乎没而后止也。故学数有终，若其义则不可须臾舍也。为之，人也；舍之，禽兽也。④

在荀子看来，儒者求学应带有很强目的性。从诵读《诗》、《书》、《易》等经典开始，到通晓礼为止。由浅入深，求学的目的不仅仅是做一个士君子，而是最终成为圣人。生命不止，求学不息，其宏旨须臾不可偏废。

从儒家学派的创立到发展，孔、孟、荀建树的儒家学统经历了漫长的历史浮沉。在中唐以降儒家思想学说遭遇佛道冲击的前提下，儒家的修养论亦须与宇宙论、本体论、人性论相对接，成为体系

---

① 朱熹：《孟子集注》卷三《公孙丑章句上》，《四书章句集注》，第 233 页。

② 朱熹：《孟子集注》卷三《公孙丑章句上》，《四书章句集注》，第 234 页。

③ 朱熹：《孟子集注》卷三《公孙丑章句上》，《四书章句集注》，第 234 页。

④ 《荀子·劝学》，张觉撰：《荀子译注》，上海古籍出版社 1995 年版，第 8 页。

完备、理论周延的哲理主张，才能达到塑造道统、重振儒学的目的。周敦颐远绍先秦儒门圣哲求学、得道、成圣的理想追求，其论学关乎求学的目的和意义、途径和方法，同时其创设的哲学命题，对儒学的发展有着重大的理论意义。

1. 志伊尹之所志，学颜子之所学

"志伊尹之所志，学颜子之所学"出自《通书·志学第十》章，是周敦颐明确提出的君子士人的理想追求和价值目标，为后儒所重视并反复引用，成为宋明理学修养功夫论的重要内涵。这一观念的背后，有周敦颐在《通书》里精心建构的完整的理论逻辑支持。

首先，周敦颐从宇宙本体出发，把天道法则与人的本质相结合，提出了诚、几、神等关涉最高道德境界的哲理层次，指出"诚、神、几，曰圣人"，在精神与实体上和先秦儒家的价值观建立了联系。周敦颐对诚、神、几这样特质的圣人贤者，予以高度颂扬，"圣同天，不亦深乎！"①圣人与天一样具有宏深的道德。"圣人之道，至公而已。"②圣人遵行着至为公正的大道。"圣人之道，入乎耳，存乎心，蕴之为德行，行之为事业。"③能够蕴藏涵养圣人之道，就可以成就德行、事业。对具备圣人之功德言教的孔子，周敦颐给予了极高的评价与赞美。"《春秋》，正王道，明大法也，孔子为后世王者而修也。乱臣贼子诛死者于前，所以惧生者于后也。宜乎万世无穷，王祀夫子，报德报功之无尽焉。"④孔子修撰《春秋》，端正王道，阐明大法，实在是功德无量。"道德高厚，教化无穷，实与天地参而四时同，其惟孔子乎！"⑤道德崇高深厚，垂教化育世人无

① 《通书·圣蕴第二十九》。
② 《通书·公第三十七》。
③ 《通书·陋第三十四》。
④ 《通书·孔子上第三十八》。
⑤ 《通书·孔子下第三十九》。

穷，卓然参配天地，齐同四时，惟有孔子了！对圣人、孔子的称颂，旨在树立一种令儒者效法追求的价值目标。

其次，周敦颐以圣人为最高境界的道德论作为铺垫，进而引出了儒家追求正道自上而下的三个层次："圣希天，贤希圣，士希贤。"①圣人追求的是与天合德，贤人希望达至圣境，一般的士人则希望成就贤人。这样清晰的层次，是士君子、读书人可望亦可努力企及的价值参照标准。然而，毕竟圣人是至高的道德境界，像画卦以示道之精微的伏羲，仁育万物、教化生民的尧、舜，制礼作乐、道德高厚的孔子，才能称得上圣人。虽然圣可学也，读书人、士君子等一般的儒者，欲达到圣人的境界，须先成为贤人。周敦颐举出了伊尹、颜回两个贤人中的代表。"伊尹、颜渊，大贤也。伊尹耻其君不为尧、舜；一夫不得其所，若挞于市。颜渊'不迁怒，不贰过'，'三月不违仁'。"②上则致君为尧、舜，下则使百姓各得其所，这成就了伊尹作为大贤的本色。而颜回好学敏求，具有忠恕之德，不迁怒于人，守持仁道长久不违。周敦颐认为，以伊尹、颜回作为效法的对象，这样道德标准的确定，"过则圣，及则贤，不及则亦不失于令名"③，无论过或不及，都可以成就令名。南宋湖湘学派代表人物胡宏对此说：

> 患人以发策决科、荣身肥家、希世取宠为事也，则曰"志伊尹之所志"。患人以知识闻见为得而自画，不待价而自沽也，则曰"学颜子之所学"。人有真能立伊尹之志、修颜子之学者，然后知《通书》之言包括至大，而圣门之事业无穷矣。④

胡宏认为，周敦颐志学观的提出，针对的是现实的众生世相。

---

① 《通书・志学第十》。

② 《通书・志学第十》。

③ 《通书・志学第十》。

④ 胡宏：《通书序略》，周敦颐：《周敦颐集》，第118页。

有宋一代，普通的文人士子，大多把治学作为科举仕进、博取功名利禄的手段，“志伊尹之所志”把文人士子的胸襟、抱负和志业、追求引向致君行道、济世安民的大道上来。而在志趣上，大多文人士子沉湎于诗书，无非是为了显示自己博学广闻，他们或矜夸智能，或固步自封、画地为牢，丧失了儒者对仁道的追寻和坚守。因此，“学颜子之所学”，便有了引导士人回归大道的重要意义。对周敦颐“志学论”提出意义的认识，胡宏的解说，是符合周敦颐所处时代的社会现实的。

再者，周敦颐明确提出圣人是可以通过效法学习而成就的观念，其中的关键在于“一为要”。专一、纯一是成就圣人的根本。“一者无欲也，无欲则静虚、动直，静虚则明，明则通；动直则公，公则溥。明通公溥，庶矣乎！”①周敦颐认为，问学求道者持纯一之念，摒弃过度的、逾越本分的欲望。心无欲求，才能在无外物触动时静默空虚，与浑然纯正的本体合一；有外物的感发，就会使本体的功用得到发挥，流动传布，行事时正直中道。静虚则内心空阔，思虑清明，行事通达。行为正直合宜就会公正无私，进而真正做到宽广博大。周敦颐提倡笃实的学习实践，“故君子进德修业，孳孳不息，务实胜也”②。治学修德，最重要的是不懈进取，做到名实相符。

在具体的治学态度上，周敦颐提出要多学习别人的长处，注意完善自我：“有善一，不善二，则学其一，而劝其二。”③主张人有过失，要听从他人规劝。“今人有过，不喜人规，如护疾而忌医，宁灭其身而无悟也。噫！”④治学上，有些人不能面对自己的过错，讳疾

① 《通书·圣学第二十》。

② 《通书·务实第十四》。

③ 《通书·爱敬第十五》。

④ 《通书·过第二十六》。

忌医，文过饰非而执迷不悟，周敦颐对此表示了极大的憾惜之情。

2. 文以载道

自古以来，道德文章是一个有远大志向、有社会担当意识的读书人安身立命之本。文章书写形式和思想内容的关系，文章与道德的关系，文采辞章的形式和功用等问题，常常是深受文学家、哲学家、思想家，甚至包括政治家思考和重视的问题。这也是关乎治学的宗旨、意义和基本途径的重要问题。“文以载道”，是由周敦颐第一个明确提出的关乎治学的思想命题。早在先秦时期，与“文以载道”相近似的思想内涵常常闪现在儒家思想家的著述言论中，但未得以明确概括。唐代中期韩愈、柳宗元等掀起的古文运动中，这样的思想观念开始得到发扬光大。韩愈曾说：

> 所志于古者，不惟其辞之好，好其道焉尔。①
>
> 君子居其位，则思死其官；未得位，则思修其辞以明其道。②
>
> 愈之为古文，岂独取其句读不类于今者邪？思古人而不得见，学古道则欲兼通其辞；通其辞者，本志乎古道者也。③
>
> 其所著皆约六经之旨而成文，抑邪与正，辨时俗之所惑，居穷守约，亦时有感激怨怼奇怪之辞，以求知于天下，亦不悖于教化。④

引文虽简，但集中体现了韩愈对“文”与“道”作用与关系的认

---

① 韩愈撰，马其昶校注，马茂元整理：《韩昌黎文集校注·答李秀才书》，第176页。

② 韩愈撰，马其昶校注，马茂元整理：《韩昌黎文集校注·争臣论》，第112～113页。

③ 韩愈撰，马其昶校注，马茂元整理：《韩昌黎文集校注·题哀辞后》，第304～305页。

④ 韩愈撰，马其昶校注，马茂元整理：《韩昌黎文集校注·上宰相书》，第155页。

知：古人美妙的言辞文章，记录并承载着古人的学问、思想和大道，有志于学习古代的学问，不仅要学习古人的言辞文章之妙，还要重视古人宣扬的思想；君子居其位则忠其事，未得其位，要修习言辞，通晓儒家传承的正道；所著文章的精神意旨从六经而来，著文的目的在于抑制邪曲，分别、廓清世俗之人对大道的迷惑和缺失，从而弘扬大道，推行教化。韩愈门生李汉在《昌黎先生集序》中以“文者，贯道之器也”，高度概括了韩愈的“文”、“道”观——“文以贯道”，并称“日光玉洁，周情孔思，千态万貌，卒泽于道德仁义，炳如也。洞视万古，愍恻当世，遂大拯颓风……先生于文，摧陷廓清之功，比于武事，可谓雄伟不常者矣！”。[①] “文以贯道”理念的实践和推展，使韩愈开创了一种光明峻伟、浸润道德仁义、足以影响后世的文风。苏轼《潮州韩文公庙碑》对韩愈的评价是“文起八代之衰，而道济天下之溺”[②]。从韩愈开始，文章从东汉魏晋至隋八代的浮靡衰退中重新兴起，其思想拯救天下读书人于沦陷和沉溺之中。改变世风，倡导大道，文章成了韩愈手中最有力的武器，他的“文道观”有着重要的历史影响。

与韩愈同时代，柳宗元提出了“文以明道”思想：

> 乃知文者以明道，是固不苟为炳炳烺烺，务采色、夸声音而以为能也。凡吾所陈，皆自谓近道……故吾每为文章，未尝敢以轻心掉之，惧其剽而不留也；未尝敢以怠心易之，惧其弛而不严也；未尝敢以昏气出之，惧其昧没而杂也；未尝敢以矜气作之，惧其偃蹇而骄也。抑之欲其奥，扬之欲其明，疏之欲其通，廉之欲其节，激而发之欲其清，固而存之欲其重，此吾所以羽翼夫道也。本之《书》以求其质，本之《诗》以求其恒，本之

---

① 韩愈撰，马其昶校注，马茂元整理：《韩昌黎文集校注》，第1～2页。

② 孔凡礼点校：《苏轼文集》，中华书局1986年版，第509页。

《礼》以求其宜，本之《春秋》以求其断，本之《易》以求其动，此吾所以取道之原也。参之谷梁氏以厉其气，参之《孟》、《荀》以畅其支，参之《庄》、《老》以肆其端，参之《国语》以博其趣，参之《离骚》以致其幽，参之太史公以著其洁，此吾所以旁推交通而以为之文也。①

按柳宗元的说法，著述文章最重要的是用来阐明道的，其他像形式是否美观、文辞是否工丽、声韵是否动听，都不应是著述文章真正的目的，也不反映读书人的境界和能力。柳宗元以自己的写作实践、对文章的刻意经营说明，欲达到"文以行道"的宗旨和目标，需要有端正谨严的态度，需要有明晰的思路和表达，需要戒骄戒躁而辞气谦逊，行文要含蓄蕴藉、流畅凝练、典雅庄重。总之，文章是用来辅佐道的方法。《诗》、《书》等儒家经典，老、荀、庄等诸子，《国语》、《离骚》、《史记》等宏文大著，其精神意旨、风格笔法，皆可融会贯通，用作著文立说之法。很明显，"文以明道"的提出，虽把文章作为言道的工具，包含文章主旨应合乎并发挥圣人的经典，儒家所倡导的思想和道德，但很大程度上是一种文学创作理论，可以理解为文学创作或文学作品，应以最恰当的文辞、手法、表达方式等阐明作品的内容。

与周敦颐同时代的范仲淹也是宋代学术史上的代表人物，曾被人称为"宋学之开山祖师"②。范仲淹对"文"与"道"的关系亦有精彩的见解。他曾说"文与学者，道之器也"③。文章学问是推行

① 柳宗元：《答韦中立论师道书》，《柳宗元集》，中华书局 1979 年版，第 873 页。

② 方健著：《范仲淹评传》，南京大学出版社 2001 年版，第 290 页。

③ 李勇先、王蓉贵校点：《范仲淹全集·南京府学生朱从道名述》，四川大学出版社 2009 年版，第 176 页。

或宣扬道的器具。“学术稽古，文辞贯道。”①学术是为了考查未知的知识领域，文辞则需贯通大道。“经以明道，若太阳之御六合焉；文以通理，若四时之妙万物焉。”②儒学经典是用来阐明大道的，而文章是用来说明道理的。很大程度上，范仲淹视文学为论道的器具，文辞的作用在于阐明道理。这样的言论，主要是讲文学创作和思想、道德的关系。

周敦颐“文以载道”的思想提出，主要体现在《通书·文辞第二十八》章：

> 文所以载道也。轮辕饰而人弗庸，徒饰也；况虚车乎！文辞，艺也；道德，实也。笃其实，而艺者书之，美则爱，爱则传焉。贤者得以学而至之，是为教。故曰：“言之无文，行之不远。”然不贤者，虽父兄临之，师保勉之，不学也；强之，不从也。不知务道德而第以文辞为能者，艺焉而已。噫！弊也久矣！

周敦颐认为，著述文章的根本目的就是为了更好地记录和承载大道。文章的实际用途好比车子载物，车子存在的目的就是为了更好地载运，著述文章也是以载道为宗旨的。而文辞就像车轮、车辕上的装饰，即使车子装饰的有多漂亮，如果人们不能用，那也是白白装饰了。况且是未经装饰、闲置不用的车子呢？如同车子能否载物一样，大道只有实践推行才有价值。周敦颐此处的感叹或是在揭示一种世相：大多读书人只是沉溺于文采辞章，似乎对追求大道并无太多的兴趣。然而，士君子应有自觉担当，主动承担起弘扬大道的责任。这样，就需要明白，文辞仅仅是技艺罢了，道德才是真实的内涵。让道德变得笃实厚重，用精湛的技艺书写，这样

---

① 李勇先、王蓉贵校点：《范仲淹全集·举丘良孙应制科状》，第436页。

② 李勇先、王蓉贵校点：《范仲淹全集·南京书院题名记》，第192页。

文辞优美，就会得到人们喜爱，大道也随之得到传播。进而言之，贤能的人就是因明白这样的道理，通过学习达到道德的境界，推广教化的目的就是这样实现的。若无向学求道之心，父兄师长督导和勉励也是不起作用的。自唐以来，士林读书人之间弥漫着浮华轻薄习气，大多数读书人不晓得致力于道德而徒以文采辞章为能事，周敦颐对这种流弊深感憾惜，他更多是强调了文章的载道功能。

关于文辞和道德的关系，周敦颐还说："圣人之道，入乎耳，存乎心，蕴之为德行，行之为事业。彼以文辞而已者，陋矣！"①从本质而论，真正的大道具有润物无声、感化人心的天然品性。圣人之道，是能够入耳入心的，能让人内化为道德，付诸实践而成就事业。因此，文辞本身只是承载道的形式，远远不是道的本身。最有益于传扬道的形式，才是文辞最合理的存在形式。周敦颐的"文以载道"说，与韩愈、柳宗元、范仲淹阐述文与道之关系的不同在于，他宣扬的道，是儒家的圣人之道，而非一般的思想和道德，文章辞采是直接为圣人之道服务的，关键在于如何有助于圣人之道的传承和播扬，有助于士人贤者砥砺德行，有助于推行教化，促进社会的文明进步。文以载道观的树立，继承或汲取了韩愈、柳宗元、范仲淹等思想家的"文以贯道"、"文以明道"、"文辞贯道"等文章、文辞功用的思想观念，另一方面又超越了这些思想家大多偏重于把文章的形式和思想内容相互关系作为思想重心。周敦颐对文章的辞采和思想实质的认识，其对儒家之大道、圣人之道表达方式和途径的理解和阐发，促进了新的"文"、"道"观念的形成，对宋代理学家产生了很大的影响。

---

① 《通书·陋第三十四》。

3. 道义由师友有之

成就大道，一向是儒家孜孜以求的理想和抱负，如以孔子为首的儒门圣哲曾说“朝闻道，夕死可矣”(《论语·里仁》)、“君子学以致其道”(《论语·子张》)、“笃信好学，守死善道”(《论语·泰伯》)、“君子谋道不谋食”(《论语·卫灵公》)、“志于道”(《论语·述而》)，等等，体现了儒家对大道的追求和坚守，这也成为读书人治学的主要宗旨。在治学的道路上，周敦颐不仅强调读书人个人努力的重要，而且突出了师友的特殊作用。《通书·师第七》章在对人性分析时，周敦颐认为人性有刚柔善恶的复杂和多变，师道的建立，可以引人自觉易恶为善，从而使善人益多而最终天下大治。在周敦颐看来，知识的学习，学问的增长，大道的求得，老师和朋友的作用是不可替代的。周敦颐说：

> 天地间，至尊者道，至贵者德而已矣。至难得者人，人而至难得者，道德有于身而已矣。求人至难得者有于身，非师友，则不可得也已！①

> 道义者，身有之，则贵且尊。人生而蒙，长无师友则愚。是道义由师友有之。而得贵且尊，其义不亦重乎！其聚不亦乐乎！②

周敦颐认为，儒家宣扬的大道和德行是天地间至尊至贵的东西，具有最重要的价值。天道运行不息，化生万物，而人得其精华卓然超越万物，最难得的是，人之为人是因为人具备道德，对个人来说，具备道德正义，才能真正尊贵。而这些关键在于老师的教诲督导，朋友的辅助和砥砺。圣人或者是生而知之的，普通人生来往往都是蒙昧无知的，如果没有接受教化、没有文化知识，不知道仁

---

① 《通书·师友上第二十四》。

② 《通书·师友下第二十五》。

义礼智，那么长大了也照样愚昧蠢笨。获得老师和朋友的教导和辅助，是获取知识、道义最重要的途径。最后，周敦颐再次强调：师友辅佐意义之重，相聚时收获之乐，治学者应需铭记。从学术思想的传承看，周敦颐对师道的重视，以及他提出的“道义由师友有之”的观点，是受到韩愈、柳宗元等人影响的。

韩愈著《师说》，其中说“古之学者必有师。师者，所以传道受业解惑也。人非生而知之者，孰能无惑？惑而不从师，其为惑也终不解矣。生乎吾前，其闻道也固先乎吾，吾从而师之；生乎吾后，其闻道也亦先乎吾，吾从而师之：吾师道也，夫庸知其年之先后生于吾乎？是故无贵无贱、无长无少，道之所存，师之所存也”①。韩愈倡导师道，认为人非生而知之，因此需要从师解惑；闻道有先后，道之所存，便是需要老师存在的理由。从而阐述了老师对问学求道的重要性。周敦颐重视师道，提倡“先觉觉后觉”的思想，应该与韩愈关于师道的论说有明显的联系。

柳宗元的《师友箴》，其中说：

> 今之世，为人师者众笑之，举世不师，故道益离；为人友者，不以道而以利，举世无友，故道益弃。……不师如之何？吾何以成！不友如之何？吾何以增！……中焉可师，耻焉可友，谨是二物，用惕尔后。道苟在焉，佣丐为偶；道之反是，公侯以走。内考诸古，外考诸物，师乎友乎，敬尔无忽！②

柳宗元认为，现实中为人师者是被众人嘲笑的。在缺乏尊师重道的社会氛围下，大道就会日益远离。结交友人也应以有益于追求正道为准，否则，大道也会逐渐遭到废弃。如果不是老师，我们怎样成就德行呢？如果不是朋友，我们怎么增长学问呢？强调

---

①　韩愈撰，马其昶校注，马茂元整理：《韩昌黎文集校注》，第 42 页。

②　《柳宗元集》，中华书局 1979 年版，第 531 页。

师友的重要性之后，柳宗元指出选择师友的标准：言行合乎中道者可以为师，知道以利为耻者可以为友。这样的标准不可偏废，从师交友，需要敬之慎之，不能疏忽大意。柳宗元的“师友箴”谆谆告诫世人从师交友的重要，并确立了从师交友的标准“道”。

从内容主旨上看，周敦颐的师友论与柳宗元的论说存在密切的联系，是在柳说基础上的继承与发展。所不同在于，周敦颐论说的基础是他在《太极图说》与《通书》中充分论述的宇宙论、本体论、道德论和性命论。师友论贯穿着天地之道、生生之德，以及人性与天同德，人的道德生成虽源于天但需要后天培育滋养的理论前提，这是对韩愈、柳宗元等师友论说的完善和提升，也是其论学内容的关键。

（四）论治

与儒家传统的积极入世的精神品格相一致，周敦颐关注天道性命，创设诚说，关注人性，孜孜于向学求道，其最终目标落实于人间社会，便是为了实现社会治理，推行文明教化。在《通书》中，周敦颐创设了关于社会治理的体系完整、内容丰富的学说，主要包括理想的社会形态、社会治理的基本原则和目标、基本的治理手段和措施、维护社会长治久安的途径和方法，等等，其学说展示了明显的社会实践特征。

1. 圣德修而万民化

周敦颐认为，最好的社会形态是圣人之治。社会若要得到良好的治理，需要具备完善德行的圣王、圣人：

> 天以阳生万物，以阴成万物。生，仁；成，义也。故圣人在上，以仁育万物，以义正万民。天道行而万物顺，圣德修而万民化。大顺大化，不见其迹，莫知其然之谓神。故天下之众，

本在一人。道岂远乎哉！术岂多乎哉！①

周敦颐的治世之道，与其天道观相结合。他认为，天分阴阳，化生并成就万物。圣人与天地合德，所以临民治世，以仁德化育万物，以义德端正万民。天道运行不息，圣人修德应天、执政理民，老百姓就会服从教化，各得其所。实际上，天下芸芸众生，庶众亿万，是否能够治理好，完全在执政的君主一人。在周敦颐看来，治世理民之道，并非遥远难以追寻，本质就在于修德化民而已，具体的治国之术，也无须复杂繁多，把握要旨即可。

那么，治世之道的关键是什么呢？执政的君主需要具备什么样的禀赋或素质呢？周敦颐说："圣人之道，仁义中正而已矣。守之贵，行之利，廓之配天地。"②简而言之，执政的君主，需要施行仁义，居守中正之道罢了。怎样才能达到这种境界呢？"纯其心而已矣。仁、义、礼、智四者，动静、言貌、视听无违之谓纯。心纯则贤才辅。贤才辅则天下治。纯心要矣，用贤急焉。"③治世的圣人、君主持守纯正端直之心就可以了。只要做到动静举止、言语仪态、所视所闻不违背仁义礼智诸德，就做到了内心纯正端直。如此，治理便能得到贤才的尽心辅佐，从而达到天下大治。

当然，上述是周敦颐举出的治世之道易简可行的状态。圣人君主欲守持纯心，施治天下，还要处理好家与天下的关系。周敦颐进一步指出治理天下时，常常面对"家难而天下易"的矛盾情况，告诫君主或执政者如何面对和处理家与天下的关系：

治天下有本，身之谓也；治天下有则，家之谓也。本必端。端本，诚心而已矣。则必善；善则，和亲而已矣。家难而天下

---

① 《通书·顺化第十一》。

② 《通书·道第六》。

③ 《通书·治第十二》。

易，家亲而天下疏也。家人离，必起于妇人。故《睽》次《家人》，以“二女同居，而志不同行”也。尧所以厘降二女于妫汭，舜可禅乎？吾兹试矣。是治天下观于家，治家观身而已矣。身端，心诚之谓也。诚心，复其不善之动而已矣。不善之动，妄也；妄复，则无妄矣；无妄，则诚矣，故《无妄》次《复》，而曰“先王以茂对时育万物”。深哉！①

身与家，体现治理天下的根本与规则。通过诚心修身，到达根本端直，才能为治理天下打好基础。然而，治天下需要树立法则的好坏关键在于家。有好的法则，就会使亲族团结和睦，同德同力。相比而言，治家难，治理天下事却容易；这是由于家人关系亲近，涉及利害、是非难以裁决；天下人却由于没有错综复杂的关系牵绊，反而易于秉公裁决。周敦颐论述的“家”，如史籍上习见的“公室”、“王室”或“皇室”等，指君主之家、帝王之家。历史上屡屡可见的君主因室家不宁、纷争不断从而导致天下变乱情况，像嫡庶争位、后宫干政、王族奢侈腐化、外戚擅权、宦官问政，等等，最终使江山易姓，政权更迭，天下大乱，社会生产亦造成极大的破坏。纵览古史，君主室家内乱之生，多因妇人而起。周敦颐远惩前代之失，以《易经》中“睽”卦排序以“家人”之后，以及尧降二女于舜，考验舜是否治理天下的能力为例，说明治家的重要，并进一步说明治家的根本也是依靠“身端心诚”，从而把修身、齐家与治理天下统一起来。《礼记·大学》有言：“古之欲明明德于天下者，先治其国；欲治其国者，先齐其家；欲齐其家者，先修其身；欲修其身者，先正其心；欲正其心者，先诚其意；……意诚而后心正，心正而后身修，身修而后家齐，家齐而后国治，国治而后天下平。”周敦颐遥承《大学》的意旨，借用《易经》富有哲理的卦义，把自己的“治世”说与儒家长久被忽

① 《通书·家人睽复无妄第三十二》。

视的“修齐治平”说衔接并铺展开来,实现了儒家政治论的继承和发展。

2. 礼先而乐后

礼乐是夏、商、周三代文明的核心,也是长久以来儒家学者重视的治理社会、移风易俗、安顿社会人心的基本手段。《礼记·乐记》说:“故礼以道其志,乐以和其声,政以一其行,刑以防其奸。礼乐刑政,其极一也,所以同民心而出治道也。”礼乐政刑,圣人创设的目的是一致的,都是为了齐同民心而实现天下大治。《周礼·地官·大司徒》中阐述了古时礼乐在推行教化和社会治理方面的重要作用:“以五礼防万民之伪而教之中,以六乐防万民之情而教之和。”①以吉、凶、军、宾、嘉等五礼防止人们诈伪,教导他们事事都能中正合理;以云门、咸池、大韶、大夏、大濩、大武等圣王之时的音乐节制人们的情欲,教导他们心底平和。对于礼乐的关系和功用问题,周敦颐说:

> 礼,理也;乐,和也。阴阳理而后和,君君、臣臣、父父、子子、兄兄、弟弟、夫夫、妇妇,万物各得其理,然后和。故礼先而乐后。②

礼,体现了一种合宜的道理和秩序。乐,则体现一种平和的状态。天地宇宙之间,阴阳二气交感互应得以理顺之后,和就形成了。这种与阴阳对应的礼乐观是和周敦颐的宇宙观、哲学观相一致的。人间的君臣、父子、兄弟、夫妻,各安其分,各尽其道,万物各得其所,世间的和谐就实现了。因此,礼的形成在先,而乐的产生在后。有学者认为,“礼,理也”的观点,是周敦颐的一个重要的发明。把合乎道理的行为就叫作礼。周敦颐为儒家的礼找到一个背

---

① 杨天宇撰:《周礼译注》,上海古籍出版社 2004 年版,第 157 页。
② 《通书·礼乐第十三》。

后的道理的根源。儒家的本质就是合道理的生活方式，符合人的本质的生活道路。① 这种说法似乎仍有不足。“礼，理也”的观点，与《礼记·乐记》中的话有很大的关联：

> 礼也者，理之不可易者也。乐统同，礼辨异，礼乐之说，管乎人情矣。穷本知变，乐之情也；著诚去伪，礼之经也。礼乐负天地之情，达神明之德，降兴上下之神，而凝是精粗之体，领父子君臣之节。

很明显，周敦颐关于礼乐功用及关系的论述脱胎于《礼记·乐记》，而非完全的理论独创。但“礼先而乐后”则属于周敦颐的发明。周敦颐把礼放置于乐之前的优先位置，这与他对古代圣王治世形成过程的构想有关。他说：

> 古者圣王制礼法，修教化，三纲正，九畴叙，百姓大和，万物咸若。乃作乐以宣八风之气，以平天下之情。故乐声淡而不伤，和而不淫。入其耳，感其心，莫不淡且和焉。淡则欲心平，和则躁心释。优柔平中，德之盛也；天下化中，治之至也。是谓道配天地，古之极也。②

古代圣王创制礼法，推行教化，纲常得以整治确定，治国的法则得以有序施行，最终使百姓和谐融洽，万物各安其所。到达这样的境界之后，圣王方作乐宣扬八风之气，平服万民之情。在此，周敦颐强调的是在礼法和教化作用下良好社会秩序建构的首要地位，而乐是在此基础上以一种柔性的手段，弘扬道德，进一步维护教化的作用，强化、凝聚、规范世道人心，和礼法纲常一起，致力于治世、盛世局面的形成。劳思光认为，周敦颐的“礼乐”论并不重视音乐的艺术价值，而是着眼于其教化并极力予以夸大“乐”的功能，

---

① 杨立华：《宋明理学十五讲》，第 59 页。

② 《通书·乐上第十七》。

立论全宗《礼记·乐记》的立场。① 尽管源自《礼记》，但周敦颐的礼乐论与《乐记》存在明显的不同。《礼记·乐记》说：

> 王者功成作乐，治定制礼。其功大者其乐备，其治辩者其礼具。干戚之舞非备乐也，孰亨而祀？非达礼也。五帝殊时，不相沿乐；三王异世，不相袭礼。乐极则忧，礼粗则偏矣。及夫敦乐而无忧，礼备而不偏者，其唯大圣乎？……故圣人作乐以应天，制礼以配地。礼乐明备，天地官矣。

对礼乐的产生与作用问题，周敦颐之说和《礼记·乐记》并无二致。但很明显的是，《乐记》把乐放在礼之前的位置。在圣王成就功业的时候，创作了乐，在社会安定之后，制定了礼。作乐是圣人用来承应天道的，制礼是用来与人类社会相匹配的。周敦颐的"礼先而乐后"是在《乐记》阐明的礼乐大旨基础上的进一步发展。这一观念的提出，是周敦颐对现实社会中礼法败坏、古乐沉沦现象的批判与省察的结果：

> 后世礼法不修，政刑苛紊，纵欲败度，下民困苦。谓古乐不足听也，代变新声，妖淫愁怨，导欲增悲，不能自止。故有贼君弃父，轻生败伦，不可禁者矣。呜呼！乐者古以平心，今以助欲；古以宣化，今以长怨。不复古礼，不变今乐，而欲至治者远矣！②

周敦颐认为，时代变化，人心不古。因为蕴含治世之道的礼法后世未能整饬修正，政治刑罚措施严苛紊乱，民生困苦。古乐人们弃置不听，历代变换新乐，导致古乐原有的平和中正之气尽失，反而是妖冶放荡、诱人贪欲、增人愁怨。这样的音乐长久熏染，导致

---

① 劳思光：《新编中国哲学史》（三卷上），广西师范大学出版社 2005 年版，第 91 页。

② 《通书·乐上第十七》。

社会道德沦丧，像贼害君主、抛弃父母、轻视生命、败坏伦理等诸多恶行泛滥，屡禁不止。因此，周敦颐强烈主张恢复和回归古乐平正人心、宣扬教化的道德精神，要修治礼法，变更今乐，实现社会大治。先治礼而后作乐，在建立良好的礼制法度，良好的社会秩序得以形成的基础上，古乐的精神和功能才能得到弘扬和发挥。

以音乐来辅助教化，那么，什么是好的音乐？制作什么样的音乐才达到德政教化的目的呢？周敦颐说："乐声淡而不伤，和而不淫"(《通书·乐上第十七》)、"乐声淡则听心平，乐辞善则歌者慕，故风移而俗易矣"(《通书·乐下第十九》)。"淡"、"和"、"辞善"是周敦颐认为的最好音乐的境界和标准。有学者认为，周敦颐对"淡和"的追求相较于传统的儒家说教式乐论，这是一种对主体的润物细无声。而在乐的现实功用角度，仍然以儒家之"和"为主导，追求"移风易俗"的最终目的。①

3. 得刑以治

从倡导圣人之治，到制礼作乐，移风易俗，实现社会治理，周敦颐的政治思想充满了对道德教化的重视，充满了对仁政德治的期待和笃实实践的热情。然而，客观上周敦颐是一个久经仕宦、洞察社会万象的治世能臣，丰富的行政经验和思想家对社会治理的理性分析，促使他客观冷静又全面地对治世之道做出总结。周敦颐说：

> 天以春生万物，止之以秋。物之生也，既成矣，不止则过焉，故得秋以成。圣人之法天，以政养万民，肃之以刑。②

从天道与人道的联系出发，周敦颐认为，万物春天生长至秋天成熟而生长止息，这是万物共同的法则。而圣人取法天道，用政事

---

① 韩伟：《宋代乐论研究》，中国社会科学出版社2013年版，第55页。

② 《通书·刑第三十六》。

生养民众，用刑罚使百姓整肃，刑由此而产生。这种观点来自董仲舒《春秋繁露·四时之副》，其中说：

天之道，春暖以生，夏暑以养，秋清以杀，冬寒以藏。暖暑清寒，异气而同功，皆天之所以成岁也。圣人副天之所行以为政，故以庆副暖而当春，以赏副暑而当夏，以罚副清而当秋，以刑副寒而当冬。庆赏罚刑，异事而同功，皆王者之所以成德也。①

周敦颐借鉴吸收了董仲舒“天人感应说”，为其政刑思想找到了天道的支持。同时他的政刑说又是建立在对社会民情的分析上的。他认为“民之盛也，欲动情胜，利害相攻，不止则贼灭无伦焉，故得刑以治”②，百姓庶众，常因欲望驱使而失去理性，因利害冲突而争斗不止，甚至互相贼杀戕害，伦理丧失，道德败坏，不采取有力的措施加以制止，社会就得不到有效的治理，天下大治就是空想，因此，刑罚的设立和实施是非常关键和必要的。同时，周敦颐认为刑罚的实施需要具备一定的条件：

情伪微暧，其变千状。苟非中正、明达、果断者，不能治也。《讼卦》曰：“利见大人”，以“刚得中”也。《噬嗑》曰：“利用狱”，以“动而明”也。呜呼！天下之广，主刑者民之司命也。任用可不慎乎！③

人心真假隐微不明，变化多端。所以，掌握刑罚的人，需要中正、明达、果断。《讼卦》主旨讲争讼之道，告诫人们止讼免于争斗的道理。周敦颐用《讼卦》辞“利见大人”，说明执掌刑罚的人身居高位要有道德且阳刚得中，这样才能不偏不倚。而《噬嗑》的主旨

---

① 苏舆撰，钟哲点校：《春秋繁露义证》，中华书局 1992 年版，第 353 页。

② 《通书·刑第三十六》。

③ 《通书·刑第三十六》。

是施用刑法之道，说明按照正确的原则治狱可获亨通的大旨。治狱时只有明辨是非，才能“利于施用刑狱”。最后，周敦颐不厌其烦地说，掌管刑狱的人决定着百姓的生死大权，这样的人才任用，必须慎之又慎。否则，实现社会大治只能沦为空谈。

周敦颐为治世运用刑罚的原则寻找了天道根据，在对世情民风的理性分析上对执掌刑罚的人提出了道德品行和政治素养的要求，并突出任用对主刑者的严格慎重的重要意义。然而，周敦颐的政治理想还是主要放在了德政教化上面，实行刑罚的主要目的最终还是弃置刑罚而达到治世。在永州通判任上，周敦颐撰写的《拙赋》，颇能显示他的治世思想：“巧者言，拙者默；巧者劳，拙者逸；巧者贼，拙者德；巧者凶，拙者吉。呜呼！天下拙，刑政彻。上安下顺，风清弊绝。”①社会治理的目的，如果达到人心质朴真诚，人们拒绝卖弄机巧，不再营营役役，为私利奔波劳碌；也不再互相倾轧贼害，道德得到发扬，社会风气纯正，那么，刑罚就该摒弃不用了，世间各种积弊消失，从而天下太平。

“圣德修而万民化”、“礼先而乐后”、“得刑以治”，这是周敦颐治世论的三个层次，也是他的政治理想、治世之道、经国之法，其中贯穿着笃实可行的政治实践经验和政治智慧。一切政治理想只有付诸治理和改造社会的努力，形成一种强健的、刚性的、无时无刻不在发挥作用的社会意识形态和运行机制，才有可能达到创设者的理想初衷，变化为推动社会进步的力量。周敦颐说：

> 天下，势而已矣。势，轻重也。极重不可反。识其重而亟反之，可也。反之，力也。识不早，力不易也。力而不竞，天也。不识不力，人也。天乎？人也，何尤！②

---

① 周敦颐：《周敦颐集》，第60～61页。

② 《通书·势第二十七》。

这里的“天下”，我们可以理解为存在的社会形态，包括社会治理的状况、文明程度和发展水平，社会道德风尚和主流的意识形态。任何一种社会形态的形成，都反映一种“势”。朱熹说：“是说天下之势，如秦至始皇强大，六国便不可敌。东汉之末，宦官权重，便不可除。绍兴初，只斩陈少阳，便成江左之势。”①认为这是讲不可逆转的天下大势。王夫之《读四书大全说》解释说：“凡言势者，皆顺而不逆之谓也；从高趋卑，从大包小，不容违阻之谓也。”②“势”是一种都需要顺从而不能违逆的，从高到低，以大包小，不容许阻挡和违背的必然趋势。“势”发展的苗头有轻有重，一旦到了非常明显的、强烈的、严重的态势，就难以挽回了。政治理想、治世之道的推行也是如此，对某一种“势”的产生和发展要有一种前瞻性的眼光，采取有力的措施，因势利导，化不利为有利，为政治理想和目标的实现创造一种良好的、健康的“势”。没有敏锐的洞察力，没有主动、积极、艰苦的努力，失败了怨天尤人，又有何益？总之，周敦颐论“势”，着眼于治世理想的成败，是在进一步阐述，无论德治、教化，礼乐或刑政，实现理想社会的治理和变革，需要主观努力，积极营造社会发展的健康的态势，才有可能取得成功。

四 《通书》的历史地位和影响

宋代学术史上，周敦颐由生前学术并不被当时的知识界重视到最后被奉为“理学开山”、“道学宗主”，是一个较长的历史过程，也是文化史上一个特殊现象。周敦颐著作的广为流传是南宋绍兴年间以后的事情。至南宋绍兴年间，周敦颐的著作版本主要有程

① 黎靖德编，王星贤点校：《朱子语类》卷九十四，第2410页。

② 王夫之：《读四书大全说》卷九，中华书局1975年版，第601页。

门本和九江本,这一时期他的全部著作统一称为《通书》。随着宋代学术的发展,周敦颐的学说逐渐被一些学派的代表性人物、著名学者、学问家如胡宏、张栻、朱熹等肯定和褒扬,他的著作才被士林广泛接受,并被视为不刊之论。《通书》历史地位与影响的形成,一方面因为其自身的学术品格或哲学价值,另一方面,也是后世一些代表性学者推尊的结果。

(一)从名士之书到儒门圣典

只要关注宋代理学发展史或南宋至今的学术史,我们就会发现,与程颐、程颢、邵雍、张载作为道学家名重当世不同,周敦颐生前与身后一个时期里的学术和思想,并没有受到宋代主流学术圈的重视。如朱熹曾指出:“濂溪在当时,人见其政事精绝,则以为宦业过人,见其有山林之志,则以为襟怀洒落,有仙风道气,无有知其学者。”[①]在时人看来,周敦颐精通政事,襟怀洒落,隐隐然有出世之志,是一位品行高尚之士,学术上则无人注目。像程颢、程颐,曾问学于周敦颐,但周敦颐历史地位的最终确认并没有得到二程的助力,而是由二程之后的理学家、学问家不断肯定和褒扬才逐渐形成的。比如,学者们注意到二程从来没有提到《太极图》及《太极图说》;二程称呼周敦颐时只用其字“茂叔”;程颐曾带有讥嘲地称呼周敦颐:“周茂叔穷禅客。”[②]二程与周敦颐之间的学术继承关系常被一些学者所怀疑和否定。

如果按时间先后,宋代对周敦颐学说关注较早并产生影响的、有代表性的学者是胡铨。胡铨是南宋名臣、学问家。胡铨在《濂溪

---

① 黄宗羲著,全祖望补修:《宋元学案》卷十二《濂溪学案下·附录》,中华书局 1986 年版,第 521 页。

② 《河南程氏遗书》卷六,《二程集》,第 85 页。

先生祠堂记》里说，应胡安国的弟子向子忞之邀，他为周敦颐祠堂撰记。向子忞受其师大理学家、春秋学家胡安国所示，访求濂溪遗事。向子忞“后读河南语录，见程氏渊源自濂溪出，乃知先生极高明，因传《通书》诚说……语儒官生徒：‘先生天下标望，诚说具在，后学不知尊仰，是大漏典。’”①。可知周敦颐受到胡安国及其弟子的关注和推崇。向子忞甚至称颂周敦颐为天下的标杆和人望，《通书》宣扬的诚说，具有极大的价值。而胡铨自己说，《通书》之作，大概是为了勉励学者达到至诚的境地，《通书》与《易》、《礼》的精神是一致的。《通书》所言的“诚”，直可以使学者深明《易经》乾元、元亨利贞之德，诸卦意旨无不与诚之深厚宽博的意蕴融合贯通；其与《曲礼》、《檀弓》、《特牲》、《学记》、《祭统》等《礼记》诸篇章贯彻、渗透的劝民慎终追远、婚姻合礼、淳正风俗、祭敬思孝等导民向善、敷扬教化的精神本质——“诚”之精微奥义毫无二致。《通书》的价值在于：

> 使吾政术无颇欺，无所不用其诚矣，由是而充焉，吾知公后日登坛赞元，致君尧舜上，则尽性也，能化也，前知如神也，无息则久也，知天地之化育也，宜皆吻合《通书》之旨，视濂溪其无愧焉。②

借褒扬向子忞之机，胡铨阐述了《通书》的政治功用和精神价值。《通书》“诚”的精神贯注，可以使政治之道中正无偏，可以辅助君主成就圣王之业；可以使士君子尽其本性，施教化民；可以使士君子洞察万象，前知如神；可以使士君子（保持至诚的状态）无息而长久，感知天地化生养育之大道。这些便是《通书》的大旨。由“诚”的思想作为价值核心，胡铨把《通书》置于与《易经》之义、《礼

① 王晚霞校注：《濂溪志八种汇编》，第 39 页。

② 王晚霞校注：《濂溪志八种汇编》，第 40 页

记》之旨相通的崇高地位，与传世的儒门经典并举同论。湖湘学派胡安国、向子忞等，学问家、当世名臣胡铨等对周敦颐及《通书》的重视与高度评价，意味着当时具有代表性的学者，对周敦颐学说的认同。

在理学发展史上，周敦颐道学宗主的地位的确立，和《通书》被放置于齐同儒家经典的位置被后人尊奉，湖湘学派的领袖、胡安国之子、著名理学家胡宏发挥了很大作用。他在《通书序略》中这样说：

今周子启程氏兄弟以不传之妙，一回万古之光明，如日丽天，将为百世之利泽，如水行地。其功盖在孔、孟之间矣。

人见其书之约也，而不知其道之大也；见其文之质也，而不知其义之精也；见其言之淡也，而不知其味之长也。……人有真能立伊尹之志、修颜子之学者，然后知《通书》之言包括至大，而圣门之事业无穷矣。故此一卷书，皆发端以示人者，宜其度越诸子，直与《诗》、《书》、《易》、《春秋》、《语》、《孟》同流行乎天下。①

胡宏对周敦颐《通书》涵盖思想意蕴的推崇，可以说到了无以复加的地步。从学术发展的联系与脉络出发，胡宏强调了周敦颐与二程之间的学术传承关系，高度颂扬了周敦颐接续早已断绝的孔孟之道、传学二程的伟大功绩。他指出周敦颐混论简洁的著述中包含道的真谛，认为《通书》为文质朴而其义精奥，言语淡泊而意味深长。其中提到的“志伊尹之所志，学颜子之所学”，是儒家倡导的修养自身达到圣人的境界，进而造福天下之民价值准则的体现。《通书》的意旨，超越了历史上为追求大道碌碌奔忙的百家诸子，直与《诗经》、《尚书》、《周易》、《春秋》、《论语》、《孟子》同列并存，流行

① 周敦颐：《周敦颐集》，第117～118页。

天下而不朽。并且，胡宏首次将北宋五子并列，将周敦颐置于五子首位：

> 斯文施设乎二帝三王之政，笔削于孔子、孟轲之书，其教亦备矣。然轲没未几而遭焚坑之祸，历两汉，涉魏、晋，至唐、五代，……斯文之气奄奄欲尽。……我宋受命，贤哲乃生，舂陵有周子敦颐，洛阳有邵子雍、大程子颢、小程子颐，而秦中有横渠张先生。①

胡宏以道学领袖的特殊地位，给予周敦颐学术思想价值的高度肯定，以周敦颐为首，邵雍、程颢、程颐、张载等五子实有接续先王、孔孟之统绪，再造斯文教化之功。胡宏对周敦颐精神学说的高度弘扬，使《通书》的价值为后人所重视。

胡宏的学生，湖湘学派的另一重要学者张栻，对周敦颐的褒扬固然有承袭胡宏的意味，但张栻更多是把周敦颐放置在儒学的发展与传承、儒学遭遇的困境和突破的角度评价周敦颐的。张栻在《道州重建濂溪周先生祠堂记》里说："宋有天下，明圣相继，承平日久，元气胥会，至昭陵之世盛矣。宗工巨儒，磊落相望。于是时，濂溪先生实出于舂陵焉。"②这几乎是胡宏说法的翻版。他又说"先生仕不大显于时，其泽不得究施"③，周敦颐未能仕宦显达，官声、教泽、学问未能显扬。然而"世之学者考论师友渊源，以孔孟之遗意复明于千载之下，实自先生发其端"④。至于周敦颐如何使孔孟之道德言教重新焕发光彩，张栻说：

> 于是有异端者乘间而入，横流于中国。儒而言道德性命

---

① 胡宏著，吴仁华点校：《横渠正蒙序》，《胡宏集》，中华书局1987年版，第162页。

② 张栻：《张栻集》(二)，岳麓书社2010年版，第575页。

③ 张栻：《张栻集》(二)，第576页。

④ 张栻：《张栻集》(二)，第576页。

者，不入于老，则入于释，间有希世杰出之贤，攘臂排之，而其为说复未足以尽吾儒之指归，故不足以抑其澜，而或反以激其势。嗟乎！言学而莫适其序，言治而不本于学，言道德性命而流入于虚诞，吾儒之学其果如是乎哉？陵夷至此，亦云极矣。及吾先生起于远方，乃超然有所自得于其心。本乎《易》之太极、《中庸》之诚，以极乎天地万物之变化。其教人使之志伊尹之志，学颜子之学。推之于治，先王之礼乐刑政，可举而行，如指诸掌。……学可以至于圣，治不可以不本于学，而道德性命初不外乎日用之实。其于致知力行，具有条理，而诐淫邪遁之说皆无以自隐，可谓盛矣。然则先生发端之功，顾不大哉！①

由于佛道等异端学说的强烈冲击，孔孟之道传至于宋代，遭受了极大的挑战。连儒生们言说道德性命，也不外乎道家或释家。原初儒家的精神道德未能得到维护或弘扬，即使有希世杰出的贤才，试图光大儒学，也难以应对佛道的思想潮流挑战。张栻认为，周敦颐学说的特殊价值在于，从儒家自有的经典文献，发掘播扬了“太极”、“诚”诸说，揭橥天地万物变化之终极价值、真理，并推展向人间社会，使人立圣贤之志，向学求道之心。这样的精神意旨推而广之，礼乐刑政等治世法则即可顺势而行。学能至圣，治道源自于学，而学子们孜孜以求的道德性命之道，也无非蕴藏在日常实用之间。周敦颐在“我儒之学”、“陵夷至此”、儒学发展陷入困境的特殊时代，完成了由孔孟创造的儒家精神道德的复归，并为儒家学说进一步发展开辟了道路。当然，张栻所论周敦颐的思想学说，着墨最多，价值最重要的部分包含在《通书》里，这是毫无疑问的。

在理学的发展传承中，周敦颐和《通书》的历史地位得到最终确认，并且凝聚为理学家的共识，接受世代的供奉和景仰，说到底，

① 张栻:《张栻集》(二)，第 576 页。

这是由理学的集大成者朱熹完成的。朱熹曾历时三十余年、三次编订《通书》。在《通书后记》中朱熹说：

> 《通书》者，濂溪夫子之所作也。……本号《易通》，与《太极图说》并出程氏，以传于世。而其为说，实相表里，大抵推一理、二气、五行之分合，以纪纲道体之精微，决道义、文辞、禄利之取舍，以振起俗学之卑陋。至论所以入德之方，经世之具，又皆亲切简要，不为空言。顾其宏纲大用，既非秦、汉以来诸儒所及；而其条理之密，意味之深，又非今世学者所能骤而窥也。是以程氏既没，而传者鲜焉。其知之者，不过以为用意高远而已。①

在朱熹看来，《通书》（本号《易通》）与《太极图说》相表里。②《通书》具有多方面的理论价值。如：在推衍理、气、五行的分合基础上，《通书》揭示了道体的精微；剖断了道义、文辞、利禄之间的取舍，使俗世之学由卑陋得以重振；论述修养道德之方、经世治国之法，又亲切、简要、务求真实允当。总体上看，《通书》纲领宏伟，堪为大用，秦汉以来，诸儒罕有能及。并且《通书》阐明大意条理缜密谨严，意味深长，令今世学者难以骤然窥见奥旨。朱熹甚至谦虚地说自早年至今，三十年过去了，自己无数次潜玩研读，仍未能“发夫子之精蕴”。依今天的学术眼光看，《通书》以一种类似语录体的说理格式呈现，思想体系格局宏大却并不一定完备谨严，但关涉的多种哲学范畴是以往的儒家典籍未曾有过的。

---

① 周敦颐：《周敦颐集》，第49页。

② 朱熹类似的话如：“今观《通书》，皆是发明《太极》。书虽不多，而统纪已尽”（《朱子语类》卷九十三）、“周子留下《太极图》，若无《通书》，却教人如何晓得？故《太极图》得《通书》而始明”（《朱子语类》卷九十四）、“先生之学，其妙具于《太极》一图，《通书》之言，皆发此图之蕴”（《周敦颐集》卷二《太极通书后序》），等等。

朱熹给予《通书》极高的评价，并不遗余力地阐发《通书》意旨，将周敦颐学说的研究推向深入。他不仅对《通书》诸章一一疏解，条分缕析，并与弟子门人反复辨疑问难，最大程度发挥《通书》辞章的精神意蕴。① 可以说，有了朱熹的弘扬和普及，《通书》的思想价值进一步得到充分肯定，最终被视为与儒家经典同等重要的地位。甚至朱熹还说，"《通书》觉细密分明，《论》、《孟》又阔"②。《通书》阐明事理细密分明，《论语》、《孟子》与之相较则显疏阔也！因朱熹在南宋思想学术界的独特而崇高的地位，周敦颐也因《通书》而成为理学开山祖师、道学宗主。

朱熹给《通书》以及周敦颐的定位，影响了朱熹闽学学派的诸弟子。多达数百的朱门弟子大多尊崇师说③，形成了一种强大的学界舆论潮流，维护和强化着周敦颐理学宗师的地位。其中有代表性的弟子，如度正，曾不遗余力搜求与周敦颐有关的书札手迹、诗文题刻，为周敦颐撰写《年谱》，考究周敦颐的事略行状，并弘扬其学说。如他在《周敦颐年谱》中说：

> 天之未丧斯文也，故其绝千有余年而复续，续之未久，复又晦昧，至近世而复灿然大明。……如日月之丽天，人皆仰之，有愿学之志。假令百世之下，或有沮毁之者，其何伤于日月乎！其何伤于日月乎！④

使天下斯文存亡绝续，灿然大明，周敦颐所传的道德学问，实在是可以与日月同光！而朱熹的另一个弟子黄榦自己构建的道

---

① 参见朱熹：《朱子论通书》，周敦颐撰，徐洪兴导读：《周子通书》，第77～103页。

② 黎靖德编，王星贤点校：《朱子语类》卷九十四，第2389页。

③ 据学者统计，曾从学于朱熹的有629人，朱熹的正式门人弟子有467人，加上不知名的弟子70余人，总数在千人之上。参见陈荣捷：《朱子门人》，华东师范大学出版社2007年版，第9页。

④ 周敦颐：《周敦颐集》，第115～116页。

统，是从尧、舜、禹、汤、文武周公，到孔子、曾子、子思、孟轲，周敦颐接续并传承至二程，再到朱熹。其中说：

> 及至周子，则以诚为本，以欲为戒，此又周子继孔、孟不传之绪者也。至二程子则曰："涵养须用敬，进学则在致知。"又曰："非明则动无所之，非动则明无所用。"而为《四箴》，以著克己之义焉，此二程得统于周子者也。先师文公之学，见之《四书》，而其要则尤以《大学》为入道之序，盖持敬也。诚意正心修身而见于齐家治国平天下，外有以极其规模之大，而内有以尽其节目之详，此又先师之得统于二程者也。圣贤相传，垂世立教，灿然明白，若天之垂象昭昭然而隐也。①

黄榦认为，周敦颐在《通书》构建了以诚为本的思想体系，推诚戒欲是孔孟之道的流绪余脉。二程所言的涵养用敬、进学致知、动明兼具，以及视听言动《四箴》，无不贯注着克己修身之义。这是二程从周敦颐那里继承的道统。而朱熹治学把《大学》的精神作为修道的次序，所谓格物致知、修齐治平，这是从二程那里继承的道统。无论是胡宏、张栻，还是朱熹、黄榦，儒家的道统被理学家重新构建并不断重复论证，形成了被后世广泛接受的既定道学谱系。周敦颐的学说成为这个谱系中道统有力的连接，《通书》也因此具备了与六经相颉颃的崇高地位。

元明时期，程朱理学占据官方意识形态的统治地位，周敦颐在理学史上的地位安如磐石。清代初期，在明朝灭亡带来的特殊学术文化反省中，学者和思想家们远承晚明实学传统，纷纷在学术领域内展开经世致用的学术研究，考据学渐次萌芽并兴起。黄宗炎、毛奇龄、朱彝尊等学问家考证《太极图》的来源，甚至质疑《太极图》

---

①　黄榦：《圣贤道统传授总叙说》，黄宗羲著，全祖望补修：《宋元学案》卷六十三《勉斋学案》，第2023页。

儒家经典的属性，周敦颐的理学地位受到了一些挑战。① 但总的来讲，理学仍然是清代的学术的主流，周敦颐之学依然受到理学家的重视，并受到崇奉。②

（二）从民间到庙堂

周、二程、张、邵、陆、朱等学问家前后相继、间世崛起，南宋理学大兴于世，周敦颐由同时代士子们所称的“政事精绝过人”、“襟怀洒落”、“仙风道气”的名士、高士身份，进而后来受到知识阶层普遍的肯定和推崇，被奉为道学宗主、理学开山，是理学家们不断努力的结果。同样，在南宋时期从民间到庙堂周敦颐圣人地位的最终形成，也离不开朝廷体制之内学问家的努力。

为周敦颐争得朝廷的谥号，使其获得体制内的地位，学术成为官方的学术，并依靠体制的力量，进一步推广其思想和学说，首当其冲，发挥主要作用的是南宋理学家魏了翁。宋嘉定十三年（1220），宁宗皇帝颁布赐封周敦颐为“元公”的诏书，其中述说了魏了翁上疏请谥的情由：

> 嘉定七年，潼川转运判官魏了翁上疏曰：“……盖自周衰、孔孟没，更秦、汉、魏、晋、隋、唐，学者无所宗主，支离泮涣，莫适与归。……而颐独奋乎百世之下，乃始探造化之至赜，建图著书，阐发幽秘，即斯人日用常行之际，示学者穷理尽性之归。使诵其遗言者，始得以晓然于洙泗之正传。……于是河南程

---

① 这类论著较重要的有黄宗炎《图书辨惑》中的《太极图说辩》、毛奇龄的《太极图说遗议》、朱彝尊《曝书亭集》中的《太极图授受考》等。参见周建刚《宋元明清时期周敦颐研究状况概述》，《湖南科技学院学报》2012 年第 2 期。

② 清代理学家研究周敦颐的论著，如李文照的《太极解拾遗》和《通书解拾遗》、王明弼的《周子疏解》、崔纪的《读周子札记》、陈兆成的《太极图说注解》、孙子昶的《太极集注》等，此外，李光地、陆陇其等人的著作中也有部分评论周敦颐思想的内容。参见周建刚《宋元明清时期周敦颐研究状况概述》。

颢、程颐亲得其传，而圣学益以大振。虽三人于时皆不及大用，而嗣往圣，开来哲，发天理，正人心，使孔孟绝学独盛于本朝，而超出乎百代。……如先朝邵雍、徐积等故事，先将周(敦)颐特赐美谥，其于表章风厉，诚非小补。……”

(嘉定九年)了翁再疏曰：“……近岁，如朱熹、张栻，皆已赐谥，而熹栻之学，实宗周敦颐及程颢、程颐。……臣愚欲望圣慈申饬有司，速加考定，表而出之，庶有以风厉四方，示学士大夫趋向之的。其于崇化善俗之道，无有急于此者。”①

嘉定七年(1214)、嘉定九年(1216)，魏了翁先后两次上疏，仍是从周敦颐承继和重建道统，并传学二程的功绩着眼，表奏追封周敦颐以美谥，以期得到风厉四方的作用，为士林学子大夫指明治学之正道。他的上疏得到宁宗皇帝的重视，先后下礼官、礼部太常寺论议。太常丞臧格评议说，孟轲没后，异端学说横行滋炽，经汉晋唐五代道德、文章风习之变，儒学遭遇严重危机，“几于蠹蚀不存矣”，而周敦颐“其最深切者，《太极》有图，所以发是理之幽秘；《易通》(《通书》)有书，所以阐是图之精微”、“谨按谥法：‘主善行德曰元。’先生博学力行，会道有元，脉络贯通，上接乎洙泗，条理精密，下逮乎河洛，以元易名”。② 而吏部朝奉郎军器监考功郎中楼观则说：“先生之于理学，晦而明之，窒而通之，亦可谓之‘元’乎。”③朝廷终于接纳了魏了翁等理学家们的吁请，以周敦颐的德行、学问，在承绪孔孟道统方面的卓越贡献，赐予其“元”的谥号。

---

① 李嵊慈：《宋濂溪周元公先生集》卷之九“历代褒崇·宸纶·宋谥元公”，王晚霞校注：《濂溪志八种汇编》，第376～378页。

② 臧格：《濂溪先生周元公谥议》，王晚霞校注：《濂溪志八种汇编》，第820页。

③ 李嵊慈：《宋濂溪周元公先生集》卷之九“历代褒崇·宸纶·宋谥元公”，王晚霞校注：《濂溪志八种汇编》，第378页。

淳祐元年(1241),宋理宗应著作郎李道傅庆元年间的奏请,颁布诏书以周敦颐和张载、二程、朱熹从祀孔庙。诏书说:

> 朕惟孔子之道,自孟轲后不得其传。至我朝周惇颐、张载、程颢、程颐,真见实践,深探圣域,千载绝学始有指归。中兴以来,又得朱熹精思明辨,表里浑融,使《大学》、《中庸》、《论》、《孟》之书本末洞彻。孔子之道益以大明于世。朕每观五臣论著,启沃良多。今视学有日,其令学官列诸从祀,以示崇奖之意。①

理宗皇帝诏告天下,周敦颐等北宋五子远承孔孟之道,具有真知灼见,且躬行实践,抵达圣人境域,使孔孟的道德精神沦丧于千年之后重新大放光彩,显明于世,身居不世之功,应该从祀孔庙,享有世代的供奉。至此,朱熹、张栻、黄榦等理学家宣扬的道统终于被朝廷接纳和承认,周敦颐也以理学开山宗师的崇高地位,接受后人的膜拜。而《通书》被视为与《论语》、《孟子》、《礼记》等儒门圣典地位等同,被无数士人、学者修习和研读,并成为皇帝案头时时翻阅的圣典。宋理宗讲自己每次阅读周敦颐等五子著作,“启沃良多”,这是见于史传皇帝览阅周子之书的最早记载,周敦颐文章学术被钦定为儒学正统。

元明时期相沿成习,程朱理学大兴于世,成为官方的学术,占据意识形态的统治地位。上至皇帝,下至台阁重臣,屡屡有重视周敦颐之学,重视《通书》者。《元朝名臣事略》载,元初,大臣杨惟中辅佐太子廓出伐宋,攻克宋襄阳、德安府后,“得名士数十人。收集伊、洛诸书载送燕都,立周子祠,建太极书院,俾师儒赵复等讲授,

---

① 李嵘慈:《宋濂溪周元公先生集》卷之九“历代褒崇·宸纶·追封‘汝南伯’,从祀庙庭诏”,王晚霞校注:《濂溪志八种汇编》,第379页。又诏书可见《宋史·理宗本纪》。

公遂知性理学，慨然欲以道济天下”①。大臣杨惟中建太极书院，请儒生赵复讲授周学，并首开北方河朔地区风气，祭祀周敦颐，以二程、张载、杨时、游酢、朱熹等配享，“岁时释奠。又刻《太极图》、《通书》、《西铭》于祠壁，请云梦赵复为师儒，右北平王粹佐之，选俊秀之有识度者为道学生”②。为周敦颐《通书》在北方的传播立下大功。元仁宗延祐六年(1319)，朝廷追封周敦颐为“道国公”，仁宗皇帝诏书有云“图太极而妙斡万化，著《通书》而同归一诚，俾圣学灿然复明，其休功尚垂不泯”③。有元一代，虽然国祚未长，但《通书》作为周敦颐传道的代表性著作，颇受重视。

在明代，《通书》亦被看作是与六经相近的经典著作。永乐皇帝朱棣，曾颁布谕旨，对翰林院学士胡广、侍讲杨荣、金幼孜说：“周、程、张、朱诸君子性理之言，如《太极》、《通书》、《西铭》、《正蒙》之类，皆六经之羽翼，然各自为书，未有统会，尔等亦别类聚成编，二书务极精备，庶几以垂后世。命广等总其事，仍命举朝臣及在外教官有文学者同纂修，开馆东华门外，命光禄寺给朝夕馔。”④《通书》和《太极图说》即被视为辅助六经的羽翼，朱棣特意简拔文学之士，编纂而成的《性理大全》，卷一为《太极图书》，卷二、三为《通书》。《通书》俨然成为朝廷开馆精修的官方学术。明神宗时，朝廷先后接受朝臣所请，使李侗、曹端从祀孔庙。此二人皆为治周学突出的学者。李侗有“《周子通书后语》、《性理大全》、《五伦书》，皆凿

---

① 苏天爵辑撰:《元朝名臣事略》卷五之二“中书杨忠肃公”，中华书局1996年版，第85页。

② 苏天爵辑撰:《元朝名臣事略》卷五之二“中书杨忠肃公”，中华书局1996年版，第85页。

③ 吴大镕主修:《道国元公濂溪周夫子志》卷八“历代褒崇志一·册命·元封先生为‘道国公诏’”，王晚霞校注:《濂溪志八种汇编》，第507页。

④ 《明太宗实录》卷一百五十八，《明实录》第2册，“中央研究院”历史语言研究所校印本，第1803页。

凿名理直透真源者”①、曹端“专心性理，其学务躬行实践，而以静存为要。……论者推为明初理学之冠。所著有《孝经述解》、《四书详说》、《周易乾坤二卦解义》、《太极图说》、《通书》、《西铭》释文、《性理文集》、《儒学宗统谱》、《存疑录》诸书。”②而明孝宗时，皇帝“于惇颐之《太极图》、《通书》，于颢、颐之《遗书》、《易传》，于载之《西铭》、《正蒙》，于熹之《本义》、《传注》、《章句》、《纲目》等书，深宫诵习，经筵讲说，固多取之”③。孝宗（弘治皇帝）对《通书》表现出莫大的兴趣：“帝晚年德益进。元祯因请讲筵增讲《太极图》、《通书》、《西铭》诸书。帝亟取观之，喜曰：‘天生斯人，以开朕也。’”④晚年时，明孝宗常请翰林院学士张元祯于朝廷经筵上讲授《通书》等书，张氏讲解颇为精彩透彻，孝宗听罢，马上取书览读，并对擅长讲解的张元祯以极高的评价。

明清时期，朝廷对周敦颐褒崇不绝，其后裔也受到各种优恤。如“明英宗正统元年诏修祠墓，优恤子孙”⑤；神宗万历二十三年（1595），因周敦颐“迄今《太极图书》、《通书》，学士家尊之与六经等，其有功与斯道甚大”，朝廷特以周敦颐之父周辅成从祀“启圣祠”，以示崇儒重道之意。⑥ 而清顺治元年（1644），周敦颐从祀升格，使其于阙里孔庙及天下学宫享有祭祀。顺治、康熙、乾隆、嘉庆、光绪朝，均有周敦颐后裔子孙承袭“五经博士”，并享有受赐儒

---

① 《明神宗实录》卷四百九十二，《明实录》第11册，第9262页。

② 张廷玉等撰：《明史》卷二百八十二《曹端传》，中华书局1974年版，第7238～7239页。

③ 《明孝宗实录》卷一百四十九，《明实录》第7册，第2630页。

④ 《明史》卷一百八十四《张元祯传》，第4880页。

⑤ 彭玉麟：《希贤录》卷上“历代尊崇典礼”，王晚霞校注：《濂溪志八种汇编》，第823页。

⑥ 周浩：《濂溪志》卷五“褒崇”，王晚霞校注：《濂溪志八种汇编》，第746页。

粮、修祠墓等优恤。①

清代康熙年间，朝廷重视性理之学，各省乡试“论题，将性理中《太极图说》、《通书》、《西铭》、《正蒙》等书，一并命题”②，《通书》为朝廷科举考试命题必选的经典。“康熙壬午科命以《性理》、《太极》、《正蒙》、《西铭》、《通书》命题作论。不用《孝经》。以简约易宿构也。”③《通书》、《太极图说》以其简约、精当的说理风格，易于士子们阐发道理、结构文章，被设置为命题之源，也是朝廷对经典的重视和对读书人科举考试的关照。乾隆时，“考试拔贡照乡会试之例，论题以《孝经》、周子《太极图说》、《通书》、张子《西铭》参出”④、“性理论题，向出《太极》、《通书》、《西铭》、《正蒙》诸编，内有朱注及诸儒解释，广大精微。请嗣后乡会试第一场《四书》文后，仍用性理论一道。得旨：所奏是，着照所请行”⑤。伴随着康熙皇帝时《性理精义》的编纂及流传，其中《太极图说》与《通书》作为阐述性理之书，列为卷一、卷二，是首要的经典。

乾隆皇帝曾经撰写诗文，赞颂周敦颐说：“开程朱道学，继孔孟心传”（《题濂溪祠诗》）、“伟哉无极翁，粹然秉道气。学不由师传，理已臻极致。二程实见知，主敬标赤帜。朱子集其成，经天复兴地。缅维千载心，授受本同契。绝续递相衍，斯文统绪寄”（《御制

---

① 周浩：《濂溪志》卷五“褒崇”，王晚霞校注：《濂溪志八种汇编》，第748～749页。

② 《清实录·圣祖仁皇帝实录》卷二〇二，中华书局1985年影印版，第61页。

③ 萧奭著：《永宪录》，沈云龙主编：《近代中国史料丛刊》第71辑，文海出版社1973年版，第124页

④ 《清实录·高宗纯皇帝实录》卷四一八，中华书局1986年影印版，第481页。

⑤ 《清实录·高宗纯皇帝实录》卷五六一，第116页。

古风诗》)①。周敦颐继孔孟思想统绪,开程朱道学之脉,学问精神,伟大而崇高。这位自恃才学、功业的风流皇帝,对周敦颐的称颂和赞誉,说明周敦颐思想在意识形态领域中的崇高地位。

(三)从理学到文学、医学和社会日常

来自作为主流社会意识形态的理学肯定和赞许,加之封建帝王亲自褒扬尊崇,《通书》等周敦颐传世无多的著作,遂成为流传天下的士子们必备的典籍,南宋至元、明、清时期,均有学者研习、论说和传扬。如南宋以降,不少学者或为各地与周敦颐有关的学堂、书院、祠堂撰记,或题写诗文表赞,或训解周文,或刊刻编次周著,对《通书》等周敦颐的道德文章、学问加以宣扬、称颂。其中不乏大学问家、文学家、诗人,他们或为公卿巨宦、封疆之吏,或为社会名流、显达,这些人既是周敦颐学说的宣扬者,也是研究者,为《通书》思想的传播和价值的挖掘作出了贡献。一批有代表性的学者,南宋如胡铨、胡安国、胡寅、胡宏、张栻、朱熹、陆九渊、吕祖谦、陈淳、李大临、度正、黄榦、真得秀、魏了翁、蔡抗(蔡元定之孙)等,元代如吴澄、许衡、刘因、欧阳玄、保八、张元祯等,明代如曹端、蔡清、薛瑄等,以及心学学派王守仁、王艮、湛若水等,或著书立说有所议论涉及,或吟诗作文予以颂扬,促进了《通书》等周敦颐著作思想的传播。清代学者治《通书》者虽然不多,但对周敦颐创作的《太极图》及《太极图说》致力甚多,如黄宗炎、毛奇龄、朱彝尊、王嗣槐等皆有考证《太极图》及《图说》的论作。总之,历代均有《通书》及周敦颐思想的研究成果问世,它们构成了周子学研究的重要基础。

除了知识精英之外,《通书》也一度成为那些堕入末流的读书

---

① 周浩:《濂溪志》卷五"褒崇",王晚霞校注:《濂溪志八种汇编》,第750页。

人沽名钓誉、希求仕进的工具。宋末元初的著名文学家、大学者周密曾说：

尝闻吴兴老儒沈仲固先生云："道学之名，起于元祐，盛于淳熙。其徒有假其名以欺世者，真可以嘘枯吹生。……其所读者，止《四书》、《近思录》、《通书》、《太极图》、《东西铭》、《语录》之类，自诡其学为正心、修身、齐家、治国、平天下。……其为太守，为监司，必须建立书院，立诸贤之祠，或刊注《四书》，衍辑语录。然后号为贤者，则可以钓声名，致朊仕，而士子场屋之文，必须引用以为文，则可以擢巍科，为名士。否则立身如温国，文章气节如坡仙，亦非本色也。于是天下竞趋之，稍有议及，其党必挤之为小人，虽时君，亦不得而辨之矣。其气焰可畏如此。"①

宋代理学亦被称为"道学"。在宋高宗至理宗时代，道学最为盛行。然而有不少欺世盗名之辈，假借道学的名义，自欺欺人。《四书》、《通书》等理学大儒的著作，是他们的必读书，除此则弃置不问。这些人表面上讲修齐治平，若出仕做官，或者兴学校、为贤者建祠堂，或者刊注经典、圣贤语录，实际大多是些热衷功名利禄之徒。他们沽名钓誉，党同伐异，气焰嚣张。然而，天下汹汹，无数的读书人竟以效法他们为荣。周密还说：

淳祐甲辰，徐霖以书学魁南省，全尚性理，时竞趋之，即可以钓致科第功名。自此，非《四书》、《东西铭》、《太极图》、《通书》、《语录》不复道矣。②

徐霖是宋理宗至度宗时硕儒。《宋史 · 徐霖传》说他："研精

---

① 周密撰，王根林校点：《癸辛杂识》，上海古籍出版社 2012 年版，第 94 页。

② 周密撰，王根林校点：《癸辛杂识》，第 34～35 页。

《六经》之奥，探赜先儒心传之要。淳祐四年（1244），试礼部第一。知贡举官入见，理宗曰：'第一名得人。'……霖间居衢，守游钧筑精舍，聘霖为学者讲道，是日听者三千余人。"①徐霖崇尚并致力于性理之学，在他的影响下，士人纷纷追随，除了《通书》、《太极图（说）》与《四书》、《朱子语录》等书，其他儒门著作竟然不再研习修治。这种不良的社会弊病，为周密这样的学问家所不齿，但《通书》风靡天下的情况，亦可见一斑。

两宋之时，《通书》对社会产生的影响扩展到学术之外的其他领域。词是宋代最重要的文学形式之一，文人骚客创作了大量富有文采的词作。然而，从精神气质上，许多文人词作往往香艳柔美、精致婉媚，整体上，宋词展现一种阴柔风格。一些有代表性的词人，如晏殊、柳永、晏几道、秦观、吴文英、李清照等，词作或温润秀洁，或旖旎委婉，或凄清含蓄，或绵丽幽邃，纵有苏东坡、辛弃疾这样开创豪放词风的大家不少词作也以婉约见称，词人名家多如繁星，几欲把天地间的阴柔之气发泄殆尽。婉约、阴柔不仅是一种词风，也是一种普遍性的艺术主题和审美兴趣，集中体现了两宋文人的心境和意绪。② 而这种阴柔的精神气质，与宋代儒学倡导的内圣外王、修齐治平、奋发有为、刚健进取的精神品格是相违背的。于是，有学者提出了矫正文风词风之弊的良方。马端临《文献通考》有言：

> 夫后之词人墨客，跌荡于礼法之外，如秦少游、晏叔源辈，作为乐府，备狭邪妖冶之趣，其词采非不艳丽可喜也，而醇儒庄士深斥之，口不道其词，家不蓄其书，惧其为正心诚意之累

---

① 脱脱等撰：《宋史》卷四百二十五，第 12678～12680 页。

② 冯天瑜、何晓明、周积明著：《中华文化史》，上海人民出版社 2010 年版，第 455 页。

> 也。而《诗》中若是者二十有四篇，夫子录之于经，又烦儒先为之训释，使后学诵其文，推其义，则《通书》、《西铭》必与《小山词选》之属兼看并读，而后可以为学也。①

马端临对两宋之时的诗词文风提出了严厉的批评。他认为，词人墨客像秦观、晏几道之辈，自身不受礼法之拘，作诗填词，旨趣偏狭、邪僻、妖媚、冶荡，虽然文采出众、辞藻艳丽。但显而易见，这些词作诗句，对修养身心、正心诚意是毫无益处的。如今的读书人，要修习文章，读诗作文，一定要读读《通书》、《西铭》这样的经典文章，学学为文作诗之道才可以的！在马端临看来，《通书》对塑造读书人的文风词风、精神气质的价值和作用是不可忽视的，沉溺于晏几道《小山诗选》这样的词作意趣是无益于世的，需要《通书》这样平和、中正、质朴、简洁，蕴含正道的正大之章，调和和纠正时下的不良风气，这才是读书人应该懂得的道理。

除了文学领域，《通书》的理论也得到了医学家的重视。元代著名医学家朱震亨，时人尊称为“丹溪翁”，参周敦颐太极之理，结合《通书》及《易》、《礼》之义，贯穿《内经》之言，寻找辨症施治的医学意旨。朱丹溪“谓《内经》之言火，盖与太极动而生阳，五性感动之说有合；其言阴道虚，则又与《礼记》之养阴意同。因作相火及阳有余阴不足二论以发挥之。其论相火有曰阳动而变，阴静而合，而生水、火、木、金、土。……天主生物恒于动，人有此生，亦恒于动。然其所以恒于动者，皆相火助之也。……周子曰：神发知矣。五性感动而万事出，五者之性，为物所感，不能不动。谓之动者，即《内经》五火也”②。《通书》的精义，化身为医学家精微深湛的医理。

---

① 马端临：《文献通考》卷一百七十八，中华书局 1986 年版，第 1540 页。

② 戴良：《九灵山房集》卷五《丹溪翁传》，丛书集成初编本，中华书局 1985 年版，第 70～72 页。

朱丹溪提出的“相火论”、“阳有余阴不足论”，很明显受到《通书》及《太极图说》里的太极阴阳说、动静说、性命论等观念影响，以这种理论为指导。

朱震亨对火热症等疑难杂症在医理上有迥乎前代医学家的深刻认识。在长期的行医实践中，朱震亨总结和归纳的对及火热症、杂病等证治经验，往往发挥奇效，活人无数。朱震亨对中医理论的建构和发展，和其诊治方法和经验，对明、清医学的发展有很深刻的影响。

《通书》对普通民众社会生活的影响，也可在史籍中窥知端倪。明代嘉靖时期学者周臣说：“贰守周公潭石间过予，谭偶及《颜氏家训》、《袁氏世范》、《三元延寿》、《养生杂纂》、《便民图纂》、《通书》、《居家必用》诸书，亟借读之。呜呼！兹数种者，其于民生日用亦云备矣。”①《通书》和流传甚广的《颜氏家训》等家训、养生著作，居家日用等生活大全类的书一样，成为民生日用常备的典籍。《通书》风行天下，为千千万万读书人所习，并且进入普通百姓的生活，对教化世人发挥了不可替代的作用。

（四）从中国到域外

随着宋代理学的发展，周敦颐和《通书》，跨越国门，在域外庞大的儒学圈内传播。迄今为止，对周敦颐的研究较为深入的是朝鲜、日本、越南等国。

周敦颐的思想学说，对朝鲜有着深刻的影响。高丽王朝(935～1392)末年，儒学成为官定的国学。统治者上层崇尚儒学，宋代理学此时传入韩国。安珦最先从元朝京都燕京抄录《朱子大

---

①　周臣：《〈厚生训纂〉引》，周臣编撰，张孙彪校注：《厚生训纂》，中国中医药出版社 2016 年版。

典》归国，呼吁复兴儒学。他的弟子们白颐正、禹倬、权溥、李济贤等人继承师业，为理学传入朝鲜多方努力，这成为朝鲜理学的开端。① 李朝建立后，朱子理学在思想意识领域占据统治地位。著名学者如权近著《入学图说》，以周敦颐《太极图》为基础，参考朱熹章句说，阐明天人心性、理、气、情等关系，影响后世。其后朝鲜儒学的集大成者李退溪，曾著《圣学十图》，该书被誉为“融铸宋明理学之精髓，构成他的思想逻辑结构。其规模之宏大，操履之功用，在李朝理学史上均属罕有”②。该书首列《太极图》。此后像张显光的《易学图说》、襄相说的《道学六图》等，都不同程度上吸收了周敦颐《太极图》及《图说》的宇宙图式和理论。这催生了图说学作为经典诠释学的一个种类，成为准确把握宋代传入的儒学宗旨和要谛的方法。③

明成祖永乐十三年(1415)，朝廷编纂完成并颁行《性理大全》。此时朝鲜王朝非常重视儒学典籍的输入，或向明政府求肯赐书，或多方搜罗引进，同时大量翻印中国典籍。朝鲜世宗、睿宗、英祖时，明廷多次赐《性理大全》及其他经史典籍。而朝鲜也多次翻刻印刷《性理大全》，以使得到普及。④ 须知，周敦颐的《太极图说》与《通书》列在首、次位，随着《大全》的传播，必然成为朝鲜士人尽人皆知

---

① 蔡德贵、侯拱辰著：《道统文化新编》，山东大学出版社 2000 年版，第 951 页。

② 黄心川主编：《东方著名哲学家评传》(韩国卷)，山东人民出版社 2000 年版，第 228 页。

③ [韩]徐堌遥：《韩国儒学的图说学与朱子学》，《朱子学刊》编委会编：《朱子学刊》第二十辑，黄山书社时代出版传媒股份有限公司 2010 年版，第 69 页。

④ 刘霞：《朝鲜王朝对〈性理大全〉的受容小考》，牛林杰、刘宝全主编《中韩人文社会科学研究 2012 年》，山东大学出版社 2013 年版，第 273～287 页。

的名篇。当然，在朱子学的笼罩之下，周敦颐和《通书》的思想虽然未能显豁高扬，但已经内化为程朱理学体系的重要组成部分，精神意旨长久留存在朝鲜的文化史册上。

朝鲜的文庙，奉祀孔子，其中主祀孔子的大成殿，有宋代周敦颐等六贤配祀，说明了朝鲜对周敦颐的道学地位的崇仰之情。今天，韩国的国旗是太极旗，这最早是在1882年，由朝鲜修信使朴泳孝访问日本时首次使用。其中的太极图案虽然是仿效的所谓“古太极图”，但只有在周敦颐与朱熹的思想影响下的朝鲜才有可能。①

周敦颐学说在日本的传播，最早从镰仓时代（1185～1333）中叶开始。这一时期，宋学传入日本。随着宋日交通和禅学东传，两国之间的僧侣往来，儒学典籍也随之传入日本。最确切的宋学东传者，有著名的日本临济僧圆尔辨圆和宋僧兰溪道隆，其后有元僧子元祖元、一山一宁。② 圆尔于日本嘉祯元年（1235）年四月来宋，先后师事精通宋学的佛鉴禅师、北涧痴绝二禅师，1280年，圆尔归日时携典籍数千卷，其中有《五先生语录》二册（案即周茂叔、程明道、程伊川、张横渠、朱晦庵《语录》）。③《五先生语录》关于周敦颐的语录，毫无疑问主要应包括《通书》这样语录体著述的内容。与圆尔同时代的兰溪道隆，是宋时西蜀涪江人，宽元四年（1246）归化日本，卒于弘安元年（1278），赐号大觉禅师。如建长寺《小参》云：

盖载发育，无出于天地，所以圣人以天地为本，故曰圣希天。行三纲五常，辅国弘化，贤者以圣德为心，故曰贤希圣。

---

① ［日］吾妻重二：《论周惇颐——人脉、政治、思想》，吴震主编：《宋代新儒学的精神世界——以朱子学为中心》，华东师范大学出版社2009年版，第340页。

② 朱谦之著：《日本的朱子学》，人民出版社2000年版，第37～49页。

③ 朱谦之著：《日本的朱子学》，第39～40页。

正心诚意，去佞绝奸，英士踏贤人之踪，故曰士希贤。乾坤之内，兴教化、济黎民，实在于人耳。①

兰溪道隆之论，是对《通书》的《志学》章"圣希天"、"贤希圣"、"士希贤"之语的哲理发挥。道隆认为，万事万物，无不由天地覆盖、承载、生发、化育。圣人追求的正是天地这样弘广而崇高的道德。伦理纲常得到良好的推行，国家君主得到有力的辅弼，教化得到弘扬，这是圣德的体现，也正是贤者的追求。而一般的士君子正心诚意，杜绝奸佞邪僻，由此方能追慕与效法贤者的踪迹。归根到底，《志学》章三境界的提出，是为了说明无论推行教化也好，经世济民也好，关键在于个人是如何修养的。由道隆解释的贤、圣、天的道德修养层次，可以说把握了周敦颐思想的精要，不是治《通书》精深的学者，不会有如此透彻的表达。

吉野、室町时代，儒僧雪村友梅来华，时值元朝，他曾与周敦颐的后裔周盛夫交游，并有诗文酬答。其中《赠周教授胜夫》说："稔闻盛夫名，来见盛夫面。全德昆岫玉，美才会稽箭。茂叔多云仍，如公能几见？光风霁月间，谈论集飞霰。"②周盛夫继承了先祖周敦颐的德行、品质和才华，有同周敦颐一样光风霁月般的心胸、风度和才学，为雪村这样的学问僧向往和仰慕。可以想象，作为异邦圣哲，周敦颐对雪村这样传习宋学的日本儒僧的影响。而儒僧惠风字翱之曾称，周敦颐得孔子《易》道之精髓，"赵宋春陵周翁，光风霁月之资，启无极之秘壶。于是乎乾坤二曜之理，悔吝消息之义，雾披而天睹也"③。惠风与其他同时代(元代)中国的读书人一样，为周敦颐的风姿气度、无极太极阴阳、易理等精深的理论所打动。

---

① 朱谦之著:《日本的朱子学》，第 40 页。
② 朱谦之著:《日本的朱子学》，第 67 页。
③ 朱谦之著:《日本的朱子学》，第 89 页。

雪村、惠风等日本著名的儒僧，很能代表浸淫中国儒家文化的日本学者对宋代理学开山鼻祖的认识与崇仰之情。

总体上看，从宋学传入日本的镰仓时代直到江户时代，周敦颐学说的影响，虽然未如程朱之学、阳明学那样广泛和深入，但对热衷于儒学的日本学者来说，周敦颐应是尽人皆知的儒门圣哲。许多种中国古代刊刻的周敦颐著作版本在日本得以流传，而日本编著、训点的周敦颐著作也不在少数。

有学者对周敦颐著作在日本的传播作了简明扼要的梳理，至今日本收藏的中国古籍，如：明代琴川周木编的《濂溪周元公全集》，共11卷2函12册，为弘治年间刊本；明周与爵辑《宋濂溪周元公先生集》10卷、《周元公世系遗芳集》5卷，为万历三年(1575)刊本；明李嵊慈刊本《宋濂溪周元公先生集》13卷，为明天启四年(1624)刊本；清邓显鹤编《周子全书》6卷，彭洋中校刊，道州濂溪志原本；《濂洛风雅》两种。其一金氏《濂洛风雅》6卷，宋金履祥辑。一种光绪十三年(1887)镇海谢骏德补刊，《率祖堂丛书》之一，婺郡东藕塘贤祠义学藏板。等等，这些是价值较高、较为珍贵的刊本。而日本训点的周敦颐著作，时代较久远的如：山崎嘉编《周子书》，内容包括《太极图》及《说》朱熹注、《通书》朱熹注等，最早为延宝八年(1680)寿文堂刊本；明代徐必达校正，日本真佑训点的《周张全书·周子全书》7卷，为延宝三年(1675)武村新兵卫、田中长左卫门刊本；明曹端著，清张伯行订《曹月川先生集》，内有《太极图说述解》、《通书述解》、《西铭述解》，有两种日本写本。[①] 等等。《通书》的内容收录在这些刊本之中，受到日本学者的重视。

日本刊行的周敦颐著作单行本也不在少数。《通书》的单行

---

① 陈弘、张京华、周欣：《周敦颐著作在日本的传播》，《图书馆》2016年第9期。

本，目前所见最早有宽文六年(1666)铃木太兵卫刊本、淡海屋治郎吉刊本、伏见屋佑七刊本等；较早的还有文化九年(1812)养贤堂刊本等，这些都是有代表性的刊本。其他像《太极图说》的单行本，目前所见最早为宽文四年(1664)村上平乐寺刊本《太极图说》，年代较早的如延宝六年(1678)熊谷立闲“首书”刊本《太极图说》，等等。周敦颐的名篇《爱莲说》也有不同的刊本、刻本行世。①

《通书》、《太极图说》、《爱莲说》等周敦颐的著作经过长期的传播，除了浸淫儒学的日本汉学家外，也已经渗透在日本民众的生活意识中。如《爱莲说》以“出淤泥而不染”的莲花比喻君子，在日本一直是脍炙人口的名篇。表现周敦颐性格特征的“胸中洒落”中“洒落”一词，在江户时代为藤原惺窝等人喜爱和引用，成为表达风趣的说法和行为的词语固定下来。直至今天被日本人所习用。②

在越南，因为长期受到儒家文化的熏染，陈朝时期(1225～1400)，儒学逐渐占据主导地位。嗣后明政府直接统治越南的“属明时期”(1414～1427)，理学凭借着明廷的行政力量得以推广，永乐十七年(1419)，明朝颁赐《四书》、《五经》、《性理大全》等于越南各府、州、县学，作为教授生徒的教材③，周敦颐的《通书》等著述随《性理大全》的颁行而得到更为广泛的传播。后黎朝时(1428～1784)，程朱理学成为统治思想。④ 这样的文化土壤，使周敦颐的思想学说在越南也有着崇高的地位。越南儒学家们亦把周敦颐奉

---

① 陈弘、张京华、周欣：《周敦颐著作在日本的传播》，《图书馆》2016 年第 9 期。

② [日]吾妻重二：《论周惇颐——人脉、政治、思想》，吴震主编：《宋代新儒学的精神世界——以朱子学为中心》，华东师范大学出版社 2009 年版，第 339 页。

③ 何成轩：《儒学南传史》，北京大学出版社 2000 年版，第 347 页。

④ 于向东主编：《东方著名哲学家评传》(越南卷)“总序”，山东人民出版社 2000 年版，第 16 页。

为理学开山,其思想学说得到高度重视。

陈朝时,朱文安(1292～1370)是越南历史上首屈一指的儒学家、教育家,被后人尊奉为“朱圣人”、“越南儒学的泰斗”,为精研儒家义理之学的第一人。① 可惜其学术著作失传。朱文安有诗《题杨公水华亭》,与《爱莲说》有异曲同工之妙。其中有云:

上人远公裔,朗悟有高识。屡结白社盟,为爱青莲色。方塘贮碧漪.环以芙蕖植。上构水华亭,意与莲比德。好风时一来,满座闻芳馥。隐几观众妙,悠然心自得。不知清净身,已在荷花侧。明月相友朋,闲云同偃息。渴倾露珠饮,饥摘玉房食。回头谢世纷.逍遥游八极。②

虽无直接的证据,也似乎可以这样说,《爱莲说》作为周敦颐流传天下的名篇,随着理学在越南的传播,朱文安这样精研宋儒义理之学的人物,极有可能曾览阅赏鉴。“予独爱莲之出淤泥而不染,濯清涟而不妖……香远益清,亭亭净植,可远观而不可亵玩焉”,与“为爱青莲色。方塘贮碧漪,……好风时一来,满座闻芳馥。隐几观众妙,悠然心自得。不知清净身,已在荷花侧”几乎称得上是咏莲句的同题同构了,我们能读出《爱莲说》的文辞之美来。

后黎朝阮秉谦(1491～1585)等人,对周敦颐颇为推崇。在儒学传入越南北部和中部地区时期,陈钦等一批儒家学者,宣扬周敦颐的理学,逐渐成为越南的思想主流。③ 黎朝末年的黎贵惇(1725～1784),被学者们称之为“越南的王安石”,其著述之丰富,

---

① 于向东主编:《东方著名哲学家评传》(越南卷),第 103 页。

② 于向东主编:《东方著名哲学家评传》(越南卷),第 109～110 页。

③ 湖南省濂溪学研究会编,梁绍辉主编:《濂溪学研究》,湖南大学出版社 2005 年版,第 285 页。

在当时无出其右者，代表了黎朝末年越南学术文化的最高水平。① 黎贵惇在《芸台类语》自序中说“至于致广大，尽精微，以造格物致知之域，即以关、闽、濂、洛之书在，愚鄙下学，又何敢叠床架屋于其间”②，表达了对周敦颐等宋儒之学的崇仰之情。1760～1762 年间，黎贵惇曾出使大清帝国。③ 过广西兴安县拜谒濂溪祠时，他撰诗题句，其中有云：

大道彰彰垂宇宙，举世茫然迷步武。高人翻却事文词，下士仅知守章句。先生之生莫非天，立志便欲希圣贤。著图述书发秘奥，妙悟神解无师传。吐辞直与六经似，治法从来宁过此。明通公溥其庶乎，仁义中正而已矣。区区小试著民庸，何丰怀抱啬遭逢。后人幸沐君子泽，斯世亦睹真儒功。岂将用舍关轻重，已自一身传道统。千年而下独闻知，因此见知遂益众。孔颜乐处每令寻，言下提撕趣自深。寸心万物有内外，实理真机无古今。呜呼圣言犹可验，道味芳腴飧不厌。箪食瓢饮贤哉回，浴沂风雩吾与点。先生气象诚一般，出处常泰居常安。窗梅庭竹观造化，轩冕金玉都等闲。要知契合浑无异，此心此理同乎耳。……余韵风流百世师，绍前启后功巍巍。道学阐发无余蕴，迄今天下知指归……遗编大训研磨处，霁月光风想象余。远来徒望瞻仪表，相与肃容拜清庙。愿言嘉惠及南邦，万古景星垂照耀。

这首诗作反映了黎贵惇对周敦颐学术思想的深刻理解和高度评价。不少诗句化用周敦颐学行生平中的各种掌故，《通书》、《太极图》及《说》的意蕴哲理也得以充分体现。作为异邦之士，对理学

① 李未醉、余罗玉、程继红：《儒学在古代越南的传播与发展》，《学术论坛》2005 年第 5 期。

② ［越南］黎贵惇著：《芸台类语》，越南国家图书馆藏抄本。

③ 于向东主编：《东方著名哲学家评传》（越南卷），第 177 页。

发展史上周敦颐的特殊地位、后世理学家的评价等，黎贵惇也几乎烂熟于心。如有研究者注意到，诗中“高人翻却事文词”是《通书》之《陋第三十四》章的语义所化；“明通公溥其庶乎”，来自《圣学第二十》章；“仁义中正而已矣”，来自《道第六》章；“出处常泰居常安”来自《富贵第三十三》章。① 除此之外，其他如“先生之生莫非天，立志便欲希圣贤”，来自《志学第十》章；“箪食瓢饮贤哉回，浴沂风雩吾与点”，与《颜子第二十三》章密切相关，该章歌颂了颜回安贫乐道的美德。而这里的“浴沂风雩吾与点”虽典出《论语·先进》篇，用在这里，应是用来颂扬周敦颐传学程颢的功德。程颢曾说：“自再见周茂叔后，吟风弄月以归。有‘吾与点也’之意。”②而“孔颜乐处每令寻”，则是程颢所言“昔受学于周茂叔，每令寻仲尼、颜子乐处，所乐何事”③。至于“已自一身传道统”、“道学阐发无余蕴”、“霁月光风想象余”等颂扬周敦颐的道学开创之功和光风霁月的品格情怀，与宋元以降儒家学者对周敦颐的褒赞并无二致。最后的“愿言嘉惠及南邦，万古景星垂照耀”，说明周敦颐的学说流泽惠及越南等南方邦国，如灿星高悬，万古照耀，终不磨灭。黎贵惇这样代表越南儒学发展水平的学者，对周敦颐的评价，真实反映了周敦颐对越南文化的深刻影响。

时至今日，《通书》和《太极图说》等周敦颐为数不多却影响深远的著作，已经和朱熹等宋代大儒的著作一起，为越南儒家文化发展重要部分。《通书》或许逐渐远离了普通读书人的生活，但周敦颐的品格和形象以另一种方式留存在越南文化环境中。如周敦颐的《爱莲说》，在越南几乎是人人出口能诵的名作。越南小学教科

---

① 彭丹华：《越南使者咏周敦颐诗六首》，《湖南科技学院学报》2014 年第 12 期。

② 周敦颐：《周敦颐集》，第 81 页。

③ 周敦颐：《周敦颐集》，第 81 页。

书上登载的关于莲花的歌，不仅与《爱莲说》思想内涵完全一致，歌颂莲花高洁品质的词句，也几乎是《爱莲说》“出淤泥而不染”语句的翻版。而莲花作为越南国花，相当程度上受到《爱莲说》的影响。① 这是有历史渊源的。②

五 如何阅读《通书》

《通书》全书仅两千八百余字，篇章精要，文字易简，表意质朴混沦，被誉为理学史乃至中国文化史上的经典，真正读懂它的思想意涵，理解它的价值，需要注意以下几个方面：

（一）把握周敦颐思想的主要脉络

周敦颐的思想主要体现在其数量有限的诗文著作中。可以说《通书》和《太极图说》基本体现了其思想的整体面貌。尽管宋代以来历史上有人对《太极图说》为周敦颐所著持怀疑态度，或者认为《太极图说》为周敦颐学问未成时期的作品。如南宋时心学代表人物陆九渊、陆九韶即持此种观点。③ 或者对《太极图》的形成、独创性、价值等方面持否定的意见。如清代学者黄宗炎认为周敦颐的《太极图》本于方士修炼所用的《无极图》，只不过是周敦颐“更为《太极图》，《说》则穷其本而反于老庄，可谓拾瓦砾而悟精蕴。但缀《说》于《图》，合二途为一门，其病生矣。……借大《易》以申其意，

---

① ［日］吾妻重二：《论周惇颐——人脉、政治、思想》，吴震主编：《宋代新儒学的精神世界——以朱子学为中心》，第 340 页。

② 谭小宝：《海外周敦颐学术研究概况》，梁绍辉主编：《濂溪学研究》，湖南大学出版社 2005 年版，第 282～285 页。

③ 宋儒陆九韶说：“《太极图说》与《通书》不类，疑非周子所为。不然，或是其学未成时所作。不然，则或是传他人之文，后人不辨也。”参见黄宗羲著，全祖望补修：《宋元学案》卷十二，第 500 页。

混二术而总冒以儒，其病更甚矣”①，将其更易名称、颠倒次序，用《易》理来申述其意，总起来是混同老庄、冒充儒学，弊病实多。同时期的朱彝尊亦持此论，认为“若夫太极一图，还本道书”、“故谓之《无极图》，乃方士修炼之术耳。……周子取而转易之，……更名之曰《太极图》”②。毛奇龄则认为“太极，无所为图也。况其所为图者，虽出自周子濂溪，为赵宋儒门之首，而实本之二氏（释道）之所传”③。这些清代学者观点有一定的影响，但如研究者所言，《太极图说》虽历遭物议，与道家、道教某些观念的联系，确为周敦颐自作。④ 整体上看，宋以后的学者大多是在朱熹的理论解释之下接受周敦颐的思想理论的。

朱熹为周敦颐作的《像赞》说：“道丧千载，圣远言湮。不有先觉，孰开我人？书不尽言，图不尽意。风月无边，庭草交翠。”⑤高度概括了周敦颐的思想和人格。按朱熹所言：“先生之学，其妙具于《太极》一图。《通书》之言，皆发此《图》之蕴”⑥，“先生之学之奥，其可以象告者，莫备于《太极》之一图。若《通书》之言，盖皆所以发明其蕴，而《诚》、《动静》、《理性命》等章为尤著”⑦。朱熹旨在说明，从宇宙论、本体论、人性论等诸多方面，《通书》的思想内容不

---

① 黄宗炎撰：《图学辨惑·太极图说辩》，《四库全书》第四十册，上海古籍出版社 1987 年版，第 750 页。

② 朱彝尊：《经义考》卷二百八十三，中华书局 1998 年版，第 1449、1450 页。

③ 毛奇龄：《太极图说遗议》，《西河合集》第六册，嘉庆元年刊本，第 1～2 页。另见毛奇龄撰，郑万耕点校：《毛奇龄易著四种》，中华书局 2010 年版，第 95 页。

④ 参见杨柱才：《道学宗主——周敦颐哲学思想研究》上篇《〈太极图〉源流考辨》，人民出版社 2004 年版，第 15～218 页。

⑤ 胥从化：《濂溪志》卷之一，王晚霞校注：《濂溪志八种汇编》，第 25 页。

⑥ 朱熹：《太极通书后序》，周敦颐：《周敦赜集》，第 44 页。

⑦ 朱熹：《再定太极通书后序》，周敦颐：《周敦颐集》，第 46 页。

出《太极图》体现的意蕴和主旨。这在《诚》、《动静》、《理性命》等章表现得尤为显著。可以说，把握《通书》的理想体系，需要借助《太极图》及《说》揭示的完整的哲学架构，如无极、太极、阴阳、五行的运行变化，阴阳二气的交互感应，万物的氤氲化生，人的钟灵毓秀、善恶相分，圣人的中正仁义、立人极而与天地合德，从天道、地道到人道这样自然明达、不可违逆的宇宙法则和哲理的演绎过程。《通书》中的"诚"、"动静"、"圣人"、"性命"、"几"、"思"等重要命题放置于《太极图说》的哲理脉络中，才有清楚的哲学定位和涵义解释。《通书》不少文句内容来自《易传》、《论语》、《中庸》等典籍，结构松散，不拘形式。而《图说》以一种简洁明了的逻辑勾勒了深刻的哲理，借此有易于把握《通书》散漫的体式下隐含的思想逻辑。《太极图说》是一个总的纲领，《通书》是在这个总的纲领之下的演绎、铺陈和诠释。当然，《通书》的思想内容宏广丰赡，在宇宙论、本体论、性命论等方面进一步丰富和完善了《太极图说》的哲学架构，并且在修养工夫论、政治论、道德论、礼乐论、文艺论等方面有诸多开展。二者互参，才能较为全面理解周敦颐的哲学思想。

除了《太极图说》，周敦颐其他的文章诗作，也有助于对《通书》主旨的解读。如：《养心亭说》以孟子"养心莫善于寡欲"论起，阐明人心修养从"寡欲"以至于"无欲"，则可以达到"诚"的境界，进而成贤成圣。这是从修养论、功夫论的层面阐述"诚"的命题，在理论的渊源上为"诚"说找到了依据。《邵州迁学释菜文》可以与《通书》之《孔子上第三十八》、《孔子下第三十九》章对读，对孔子的礼赞和颂扬为圣人的境界做一个生动的注解。《又告先师文》称颜回"睿性通微，实几于圣。明诚道确，夫子称贤"①，不仅可以与《颜子第二十三》章对读，又可以用来解释《圣第四》章"诚"、"神"、"几"的圣人

① 周敦颐：《周敦颐集》，第56页。

境界。《拙赋》中的“耻巧守拙”与《治第十二》、《刑第三十六》篇对读，有助于深入理解反映了周敦颐坚持的刑政思想和治世理念。其他诗文篇章，如像《爱莲说》，周敦颐的游观感怀诗，与友人的酬唱应答诗等，或有助于理解周敦颐的品操、胸襟、抱负、志业、交游等，或有助于理解周敦颐思想的渊源、多层次性和丰富性，反过来对研究《通书》思想形成的各种影响因素有借鉴意义。这些都是读懂《通书》不可或缺的部分。

（二）重视理学发生和发展的社会背景

《通书》之所以被奉为经典，受到宋儒及后世的推崇，最主要的是它在理学发展史上的开创意义。从思想文化史的发展看，唐代学术思想领域佛教和道教在文化史上占据着重要地位。唐高祖李渊于武德八年(625)下令三教中道教第一，儒教第二，佛教第三。嗣后道教得到唐太宗、玄宗等最高统治者的信奉与尊崇。上至天子，下至百姓，终唐一世，道教有着广泛的社会信仰基础。而在武则天与唐中宗时代，佛教北宗禅鼎盛。“安史之乱”以后，南宗禅大兴于世，浓厚的禅悦之风风靡士大夫阶层。① 大多数士人因世事变迁、社会动荡，在现实社会中找不到出路，他们不满于传统经学，逐渐远离儒学经世精神。出入于佛老之门者，其风甚盛。而从中晚唐开始，以元稹、白居易、啖助、赵匡、韩愈、柳宗元等坚守儒家传统的代表人物，掀起了儒学文化复兴运动。如：元、白的新乐府诗歌理论反映了经世致用的价值观念和社会责任感，强调文学的社会功能。啖、赵的新经学运动，使中唐至两宋的士子突破汉唐烦琐义疏训诂传统，专注于经书内在理念的探讨，进而自由阐发自己的

---

① 冯天瑜、何晓明、周积明著：《中华文化史》，上海人民出版社 2010 年版，第 432 页。

见解，从学风上为新的儒学体系产生铺平道路。韩、柳倡导的古文运动以“文以明道”为旗帜，宣扬文章的目的是为倡明儒家大道。[①]其中，韩愈倡华夷之辨，力排佛教，构建了自尧舜禹汤、文武周公直至孔孟的道统，强调修身正心的重要，表彰《大学》，重塑师道，为儒学复兴探索了发展方向。

周敦颐的学术思想形成，意味着一种新的儒学发展形态和理论体系的出现。从内容看，《通书》虽然不像《太极图说》那样以宇宙论、本体论为主，但在道德论、修养工夫论、政治论、文艺论、礼乐论等方面多有创见，提出的“诚”、“性命”、“理”、“思”、“爱敬”、“圣”、“志学”、“文以载道”等说，以及礼乐刑政、师友教化方面等诸多命题，几乎涵盖了宋明理学的所有重要理论元素。在周敦颐之前，这些命题或隐或显，分散于浩如烟海的儒家经籍内，湮没于学者们滔滔言辞中。由于没有一种清晰的、理性的、系统的哲学架构作为支撑，意义与价值因而显得晦暗不明。在佛道思想长期熏染的时代学术思想背景之下，周敦颐出入于释老，反求诸六经，佛道之学的宇宙论、本体论、心性论、认识论等理论和哲理阐释形式，被周敦颐创造性运用于儒家新的哲学观的建构中，内圣外王之学有了坚实的哲学基础，成贤成圣的道德追求有了清楚的目标，百姓教化有了得力有效的方法，社会大治有了实现的可能。这样，《通书》的思想和精神，揭示了儒学经过唐宋之时长期探索之后一种清晰的发展路径的产生。此后，张载、程颢、程颐、朱熹等经过多方面的努力，理学作为最精致和完备的理论体系才最终形成。《通书》被尊奉为与《易》、《诗》、《书》、《春秋》、《论语》、《孟子》等同样重要的位置，以及周敦颐被奉为“道学宗主”、“理学开山”，这在理学发展史上是理所当然的事情。杨立华先生指出，周敦颐的思想呈现一

---

① 冯天瑜、何晓明、周积明著:《中华文化史》，第 429～431 页。

种从本体论、到政治思想再到工夫论的完整的哲学建构，他的哲学著作是以原创的形态出现的，闪烁出朴素、明达、理性的光芒。至此，从中晚唐开始的儒学复兴运动有了更为明确而清晰的方向。①

（三）注重体味《通书》体现的精神品格和价值准则

《通书》的哲学观是丰富而复杂的，但说到底周敦颐是为了说明道德源于什么（太极、阴阳、五行、天道运行等），本质是什么（具有本体意义的诚、纲常之本、行为之源等），道德的多重涵义（仁义礼智信、爱敬、廉耻等），道德的境界（圣、贤等），个人实现道德的方法（闻过、有耻、务实、师友、志学、道充身安等），社会实现道德治理的方法（礼乐、公明、纯心用贤、慎刑等），等等。简而言之，《通书》一书，大部分都是围绕着道德展开，可以简单归结为“解析道德”、“追求道德”与“实现道德”。“道德”是周敦颐思想的核心符码，也是他的精神品格和价值准则的高度体现。

以一种松散的、较为自由、不拘一格的形式，周敦颐统合天道与人道，自觉为儒家的生活方式奠定哲学基础。“诚”是《通书》中最重要的哲学范畴，解释“诚”的天道意义和道德属性之后，周敦颐用《论语》的话说：“一日克己复礼，天下归仁焉。”能克制自己，约束言行，复归于礼，就是仁。杨立华先生说，周敦颐看待这个世界时有一种极为朴素的目光，这种目光里没有后世怀疑论的传统，充满了对宇宙的自信与确信。② 周敦颐确信天道的实质和人道的实质，关键在于笃实的道德实践。诚、神、几、思、动、静，是周敦颐从隐蔽的、微观的、心性的角度观察、感知、体味、揣度、捕捉道德。立师道、知耻闻过、悉有众善、师友砥砺、视轩冕金玉如尘土等是在具

---

① 杨立华：《宋明理学十五讲》，第 62 页。

② 杨立华：《宋明理学十五讲》，第 48 页。

体的社会场景里选择、判断和实践道德。伊尹、孔子、颜回、子路是理想的人格和道德榜样，天地和、万物顺、百姓和、天下化中是最理想的社会形态。某种意义上，周敦颐既是这样看待天人关系、道德修养、社会治理的，自己也是这样在现实实践中力求顺应天道、涵养德行、实现社会治理。

与周敦颐同时代的吕陶，可谓是深知周敦颐者。他说："舂陵周茂叔，志清而材醇，行敏而学博，读《易》、《春秋》探其原，其文简洁有制，其政抚而不柔。与人交，平居若泛爱，及其判忠谀，拯忧患，虽贲育之力，莫亢其勇。"①从周敦颐的人生经历看，这是对周敦颐的志业、品格、学问、德行的中肯评价。周敦颐具备儒门圣贤所有的理想人格：志清质醇，行事敏达而学问渊博，文章简洁有法度，政事治理能安抚而不柔弱；泛爱众人却能明判忠奸，为百姓排忧解患、拯救民众于水火，即使是孟贲、夏育这样古代的大勇士，也没有如此刚勇！《通书》集中展现了周敦颐的精神品格、志业、胸怀、抱负和社会担当。

从哲学史的发展看，在宇宙论、本体论方面，《通书》对天人关系的认识，道德论方面道德何以具有本体的意义，政治论方面实现社会治理的途径与方法具有的可行性、适应性问题，道德在多大程度上能够满足社会治理的需要，等等，很难说《通书》的理论和方法做出了圆满的、完全合理的回答。但今天我们阅读《通书》，仍然能够体会到周敦颐在探索儒家精神和价值原则方面的努力。任何时代，想要实现社会文明的发展进步，都需要一种刚健的、积极的、向上的、充满社会担当意识的、普遍的社会精神信仰，需要千千万万

① 吕陶：《送周茂叔殿丞序》，周敦颐：《周子全书》(下)卷十九，商务印书馆 1937 年版，第 364 页。又见周敦颐撰，梁绍辉、徐荪铭等点校：《周敦颐集》，岳麓书社 2007 年版，第 144 页。

的有理想、有道德、有强烈使命感的知识分子和社会精英投身于笃实的实践中去，塑造理想社会，造福万千民众。从这个意义上，《通书》的思想价值永不过时。

六 校注说明

1. 本注本以中华书局1990年版（2009年重印）陈克明点校本《周敦颐集》为底本，《通书》及所引周敦颐著作（除文中注明外）节段划分、文字、标点等均依该本。

2. 本书注释，参考《通书》“朱熹解附”部分，同时吸收现代注释研究成果，如梁绍辉的《通书义解》、董金裕的《周敦颐集今注今译》等，并参以己意。

3. 《太极图说》，于理解《通书》意旨有所帮助，附于正文之后，便于读者参考。

4. 《通书》每章为朱熹整理时所定，按例添加中文序号。

5. 注释力求通俗易懂，训解字词、名物、制度、典故等，根据需要通释文句。

《通书》简注

诚上第一

诚者，圣人之本[①]。"大哉乾元，万物资始"[②]，诚之源也。"乾道变化，各正性命"[③]，诚斯立焉[④]。纯粹至善者也[⑤]。故曰："一阴一阳之谓道，继之者善也，成之者性也[⑥]。"元、亨，诚之通；利、贞，诚之复[⑦]。大哉《易》也，性命之源乎[⑧]！

[注释]①诚者，圣人之本：诚是圣人的根本。诚：《礼记·中庸》："诚者，天之道也；诚之者，人之道也。诚者不勉而中，不思而得，从容中道，圣人也。"朱熹解释为"至实而无妄之谓，天所赋、物所受之正理也。"诚：真实无妄之义。周敦颐的"诚"，既有宇宙本体的意义，又作为伦理道德规范使用，指道德修养的功夫、最高原则，天道的与人道的本质统一。此处应指前者。 ②大哉乾元，万物资始：出自《周易·乾卦·彖传》，意为开创万物的伟大乾元之道，万物依靠它而化育生成。 ③乾道变化，各正性命：乾元之道（天道）运行变化，万物各自秉承天道，静定精神。性命：《周易正义》："性者天生之质，若刚柔迟速之别；命者人所禀受，若贵贱夭寿之属。"尚秉和《周易尚氏学》释为"精神"，可参。 ④诚斯立焉：诚就是这样确立的。 ⑤纯粹至善者也：纯正精粹，最

为美善。　⑥一阴一阳之谓道，继之者善也，成之者性也：语出《周易·系辞上》，意为一阴一阳的矛盾变化就是“道”，传继此“道”的就是善，成就此道的就是“性”。　⑦元、亨，诚之通；利、贞，诚之复：“诚”道顺遂通达，则元始亨通；“诚”道往复运行，则和谐有利，贞正坚固。“元、亨、利、贞”之语，亦来自《周易·乾卦》。孔颖达《周易正义》：“《子夏传》云：‘元，始也；亨，通也；利，和也；贞，正也。’言此卦之德，有纯阳之性，自然能以阳气始生万物，而得元始亨通，能使物性和谐各有其利，又能使物坚固贞正得终。”这里对这四字的解释，较为通行，故取。　⑧大哉《易》也，性命之源乎：《易》蕴含的道理真是博大精深，万物秉承天道的性命精神俱在其中吧！

诚下第二

圣，诚而已矣①。诚，五常之本，百行之源也②。静无而动有，至正而明达也③。五常百行，非诚，非也，邪暗，塞也④。故诚则无事矣⑤。至易而行难⑥。果而确，无难焉⑦。故曰：“一日克己复礼，天下归仁焉。⑧”

[注释]①圣，诚而已矣：圣人之境，无非是诚的境界罢了。　②诚，五常之本，百行之源也：诚是仁、义、礼、智、信等五常之道的根本，各种美好品行的本源。五常：《汉书·董仲舒传》：“夫仁谊礼知信，五常之道，王道所当修饰也。”百行：《白虎通义·考黜》：“孝道之美，百行之本也。”指各种品行、德行。　③静无而动有，至正而明达也：意为阴静之时，诚未形之于外，默然不见；一旦动而阳生，则诚显明可见。在动静有无之间，诚既是至为正大之道，又显明通达。　④五常百行，非诚，非也，邪暗，塞也：五常及各种品行，如果没有诚的内核，就不能成其为道德，并且会邪恶阴暗，阻塞不通。这里的“邪”、“暗”、“塞”，与上文“至正”、“明”、“达”对应。　⑤故诚则无事矣：朱熹解释说“诚则众理自然，无一不备，不待思勉，而从容中道矣”。意指有了“诚”，一切就会顺应天道自然，没有变故事端。　⑥至易而行难：该句朱熹解释说“实理自然，故易；人伪夺之，故难”。意指诚原是自然的秉性，依之而行，本来容易；然而

人因为种种私欲，使之改变，所以诚的推行就难。伪：人为的。夺：使之改变。⑦果而确，无难焉：实行诚道时果断明确，就没有什么困难了。 ⑧故曰："一日克己复礼，天下归仁焉"：语出《论语·颜渊》，颜渊问孔子何为"仁"，孔子说约束自身使言行合乎礼就是"仁"，一旦做到这些，天下就归依仁道了。此处讲诚的实现与仁一样，在于约束自身，躬行实践。

诚几德第三

诚，无为①；几，善恶②。德：爱曰仁，宜曰义，理曰礼，通曰智，守曰信③。性焉、安焉之谓圣。复焉、执焉之谓贤⑤。发微不可见⑥，充周不可穷之谓神⑦。

[注释]①诚，无为：诚本于天道自然，在于顺应而行，不在于刻意作为。 ②几，善恶：心念所动的隐微之处，存在善恶的分别。几：隐微、细微。 ③德：爱曰仁，宜曰义，理曰礼，通曰智，守曰信：（由内心善念生发的）德行，惠爱于人的称为仁，做得适宜得当称为义，合乎道理的称为礼，通达事理的称为智，坚守原则的称为信。 ④性焉、安焉之谓圣：上天赋予的本性，顺应而行，并且使之安稳平正，这就是圣人。 ⑤复焉、执焉之谓贤：能复归本性，保有并能坚守，这就是贤者。复：返回、还；执：持有。 ⑥发微不可见：发动时微妙难寻。 ⑦充周不可穷之谓神：充盈周遍而妙用无穷，可以称为神。

圣 第 四

寂然不动者，诚也①；感而遂通者，神也②；动而未形、有无之间者，几也③。诚精故明，神应故妙，几微故幽④。诚、神、几，曰圣人⑤。

[注释]①寂然不动者，诚也：意为诚保持静寂不动的本然状态。 ②感而遂通者，神也：因外物触发感应时通明事理，这是神。 ③动而未形、有无

之间者,几也:诚的本体,在动却未显形迹之时、静无而动有的一瞬间,(呈现的征兆),这就是几。 ④诚精故明,神应故妙,几微故幽:诚精粹纯正所以澄澈清明,神感应外物变化故而巧妙,征兆隐微因而幽暗不彰。 ⑤诚、神、几,曰圣人:(顺应天道)持有诚,感应万物神妙,掌握隐微的征兆,这就是圣人。《明儒学案·蒋道林传》:"诚神几,名异而实同。以其无谓之诚,以其无而实有谓之几,以其不落于有无谓之神。"诚、几、神,既揭示本体的不同状态,也表现为把握本体从而达到圣人之境的意义。

慎动第五

动而正,曰道①。用而和,曰德②。匪仁,匪义,匪礼,匪智,匪信,悉邪矣③。邪动,辱也;甚焉,害也⑤。故君子慎动⑥。

[**注释**]①动而正,曰道:行动起来正直不偏,叫作道。 ②用而和,曰德:运用起来和谐适中,恰到好处,叫作德。和:适中、恰到好处。 ③匪:通"非",不、不是。悉:全部、都。邪:不正、邪恶。此句意为不遵守仁、义、礼、智、信五常之道,举动行止就会邪恶不正。 ④邪动,辱也:行为邪恶不正,会招致侮辱。 ⑤甚焉,害也:(邪恶的程度)过分严重,会招致祸害。 ⑥故君子慎动:所以君子行为举措非常慎重。

道第六

圣人之道,仁义中正而已矣①。守之贵②,行之利③,廓之配天地④。岂不易简⑤!岂为难知!不守,不行,不廓耳⑦。

[**注释**]①仁义中正而已矣:施行仁义、居中守正罢了。 ②守之贵:能坚守仁义中正的圣人之道,即为高贵。 ③行之利:能实施仁义中正的圣人

之道，就能吉利顺遂。　④廓之配天地：扩大仁义中正的圣人之道，可以配合天地形象。廓：扩大、开拓。　⑤岂不易简：（坚守、施行并扩大圣人之道）难道不是容易简单吗？　⑥岂为难知：难道是难以理解吗？　⑦不守，不行，不廓耳：只不过是不能坚守、不去实施、不能扩大罢了。

师 第 七

或问曰："曷为天下善①？"曰："师。"曰："何谓也？"曰："性者，刚柔、善恶，中而已矣②。""不达③。"曰："刚善，为义，为直④，为断⑤，为严毅⑥，为干固⑦；恶，为猛⑧，为隘⑨，为强梁⑩。柔善，为慈，为顺，为巽⑪；恶，为懦弱，为无断⑫，为邪佞⑬。"惟中也者，和也⑭，中节也⑮，天下之达道也⑯，圣人之事也⑰。故圣人立教⑱，俾人自易其恶⑲，自至其中而止矣⑳。故先觉觉后觉㉑，暗者求于明㉒，而师道立矣。师道㉓立，则善人多；善人多，则朝廷正，而天下治矣㉔。

[注释]①曷为天下善：什么是天下最美善的？曷（hé）：何、什么。　②性者，刚柔、善恶，中而已矣：人的本性，有刚柔、善恶，重要的是达到中庸之道罢了。刚柔、善恶：指下文中的刚善、刚恶、柔善、柔恶。中：指下文中的"和也，中节也"，意为中正、和谐，刚柔和善相配适中，亦即儒学倡导的中庸之道。　③不达：不明白。达：通晓、明白。　④直：正直。　⑤断：判断、决断。　⑥严毅：严肃坚毅。　⑦干固：干练坚持。　⑧猛：勇猛。　⑨隘：狭窄，指人气量狭小。　⑩强梁：强横、强悍。　⑪巽（xùn）：和顺、恭顺。　⑫无断：遇事缺少决断。　⑬邪佞：邪恶奸佞。佞（nìng）：用巧言奉承人、奸伪。　⑭和：和谐、适中、恰到好处之义。　⑮中节：合乎礼义法度。中（zhòng）：符合、合乎。　⑯天下之达道也：天下通行不变之道。　⑰圣人之事也：这是圣人所做的事。　⑱立教：实行教化。　⑲俾人自易其恶：使人们自行改变其

恶性。俾(bǐ):使。易:改变。 ⑳自至其中而止矣:使他们自己的行为达到中正不偏的地步为止。 ㉑先觉觉后觉:语出自《孟子·万章上》:"天之生此民也,使先知觉后知,使先觉觉后觉也。"意为先领悟中正和谐之道的人启发后领悟的人。 ㉒暗者求于明:暗昧不明道理的人求教于通晓事理者。 ㉓师道:从师问学之道,为师之道。 ㉔善人多,则朝廷正,而天下治矣:善人变多,朝廷施政就会公正贤明,从而使天下成为治世了。

幸 第 八

人之生,不幸,不闻过;大不幸,无耻。① 必有耻,则可教;② 闻过,则可贤。③

[**注释**]①人之生,不幸,不闻过;大不幸,无耻:人生立世,不幸的事情是没有人告知自己的过错;更大的不幸,是没有羞耻之心。 ②必有耻,则可教:一定要有羞耻之心,才可以教导他。意思是有羞耻之心,则能够因愤激而努力,从而接受教化。 ③闻过,则可贤:能知道自己的过失,才可以修养自己进而成为贤人。贤:动词,成为贤人。

思 第 九

《洪范》① 曰:"思曰睿,睿作圣。"② 无思,本也③;思通,用也④。几动于彼,诚动于此。⑤ 无思而无不通,为圣人⑥。不思,则不能通微⑦;不睿,则不能无不通⑧。是则无不通,生于通微,通微,生于思⑨。故思者,圣功之本⑩,而吉凶之几也⑪。《易》曰:"君子见几而作,不俟终日。"⑫ 又曰:"知几其神乎!⑬"

[**注释**]①《洪范》:是《尚书》的篇目。洪:大。范:法则。据《史记·周本

纪》记载，武王伐纣得天下之后二年，向商朝遗老箕子请教商灭亡原因，箕子不忍言殷商之恶，于是向周武王陈述周朝应该施行的治国法则。《史记·宋微子世家》也记载了这一史实，并引《洪范》全文。 ②思曰睿，睿作圣：思考要通达事理，对事理都能通达就能达到圣明。睿：通达；圣：圣人、圣明。 ③无思，本也：不用费心思考，是我们本然的一种状态；也就是说无思是真实无妄的本体，即“诚”。唐李翱《复性书》中说：“知本无有思，动静皆离，寂然不动者，是至诚也。”周敦颐发挥了这种神秘主义的认识论。 ④思通，用也：思虑能通达事理，就可以致用。这种依本体所生发的作用，即“神”。 ⑤几动于彼，诚动于此：征兆在那里显现，诚在这里涌动。 ⑥无思而无不通，为圣人：不思考就能达到无所不通达的地步，是圣人。 ⑦通微：通达事理的精微。 ⑧不睿，则不能无不通：不能通达事理的精微，就不能达到无不通晓的境界。 ⑨“是则无不通”句：因此无所不通来自于通晓精微的道理，通晓精深的道理源于思考。 ⑩圣功之本：成就圣人事功的根本。 ⑪吉凶之几：趋吉避凶的征兆。 ⑫《易》曰：“君子见几而作，不俟终日”：出自《周易·系辞下》，意为君子发现几微的事理就迅速行事，不等候一天的终竟。俟(sì)：等待。 ⑬知几，其神乎：语出《周易·系辞下》，意思是：能够预知几微的道理，真是达到神妙的境界了。

志学第十

圣希天，贤希圣，士希贤①。伊尹②、颜渊③，大贤也。伊尹耻其君不为尧、舜④，一夫不得其所，若挞于市⑤。颜渊“不迁怒，不贰过”⑥，“三月不违仁”⑦。志伊尹之所志⑧，学颜子之所学⑨。过则圣⑩，及则贤⑪，不及则亦不失于令名⑫。

[**注释**]圣希天，贤希圣，士希贤：圣人希望达到与天合德的境界，贤人希望达到圣人的境界，士人希望达到贤人的境界。 ②伊尹：商汤时的贤臣，名

阿衡，一说名挚。他出身寒微，曾为陪嫁媵臣事汤。后被任以国政，助汤灭夏桀。汤死后佐太甲继位，后因其淫暴而放逐太甲。三年后太甲悔过，伊尹又迎回并复其位。孟子称赞伊尹为“圣之任者”（《孟子·万章上》），意为圣贤中能尽职尽责的人。　③颜渊：即颜回。春秋末鲁国人，字子渊。他是孔子弟子，贫而好学，居陋巷，箪食瓢饮，而不改其乐，以德行著称。颜回早死，孔子曾为其恸哭。《论语》中有二十四章谈及他，孔子对他皆是褒扬。后世尊之为“复圣”。　④伊尹耻其君不为尧、舜：伊尹认为自己的国君不能成为像尧、舜一样的圣君，这是自己（没有恪尽职守）的耻辱。　⑤一夫不得其所，若挞于市：（伊尹认为，）如果还有一人没有得到适当的安顿，就有如自己在闹市处被人鞭打一样难受。挞（tà）：用鞭棍等打人。　⑥颜渊“不迁怒，不贰过”：颜回不迁怒于人，不重犯过错。语出《论语·雍也》，鲁哀公问孔子门徒中哪位好学，孔子说“有颜回者好学，不迁怒，不贰过，不幸短命死矣，今也则亡，未闻好学者”。　⑦三月不违仁：内心长久不背离仁道。三月：三是约数，指时间长久。语出《论语·雍也》：“回也，其心三月不违仁，其余则日月至焉而已矣。”孔子不轻易肯定某人达到仁的德行，这是对颜回很高的评价。　⑧志伊尹之所志：树立像伊尹一样的志愿。　⑨学颜子之所学：学习颜回所学的知识和道德。　⑩过则圣：能超过他们（伊尹、颜回）的境界就可以成为圣人。　⑪及则贤：能赶得上他们的境界就可以成为贤人。　⑫不及则亦不失于令名：即使达不到他们的境界，也不会失掉好名声。令名：美好的名声。令：美好。

顺化第十一

天以阳生万物①，以阴成万物②。生，仁；成，义也③。故圣人在上，以仁育万物，以义正万民④。天道行而万物顺⑤，圣德修而万民化⑥。大顺大化，不见其迹，莫知其然之谓神⑦。故天下之众，本在一人⑧。道岂远乎哉！术岂多乎哉⑨！

［注释］ ①天以阳生万物：天以阳气化生万物。 ②以阴成万物：以阴气育成万物。周敦颐《太极图说》中说："阳变阴合而生水、火、木、金、土，……(阴阳)二气交感，化生万物。"与上句同指由于阴阳变化融合，万物得以化育生成。 ③生，仁；成，义也：化生，是仁德；育成，是义德。此处周敦颐把阴阳变化、上天化育万物之道比附于人间社会仁、义之德。 ④"故圣人在上"句：所以圣人(顺应天道)居处万民之上，以仁德育成万物，以义德使万民人心淳正。 ⑤天道行而万物顺：天道得以施行而使万物顺成。 ⑥圣德修而万民化：圣人之德得以修明而使万民服从归化。 ⑦"大顺大化"句：达到万物顺成，万民归化的伟大境界，却看不见显扬煊赫的运作行迹，让人不明白达到这种境界的原因，这可以称为神妙。 ⑧"故天下之众"句：所以天下万民虽众，根本就在于一个人能修养圣人的德行。 ⑨道岂远乎哉！术岂多乎哉：天道难道遥远吗？治世之术难道在于多吗？

治第十二

十室之邑①，人人提耳而教②，且不及③，况天下之广，兆民之众哉④！曰：纯其心而已矣⑤。仁、义、礼、智四者，动静、言貌、视听无违之谓纯⑥。心纯则贤才辅⑦。贤才辅则天下治⑧。纯心要矣⑨，用贤急焉⑩。

［注释］①十室之邑：只有十户人家的城邑，比喻城小人少。典出《论语·公冶长》："十室之邑，必有忠信如丘者焉，不如丘之好学也。" ②提耳而教：提着耳朵教导。喻指细致深入的教化和引导。 ③且不及：尚且有所不及。 ④况天下之广，兆民之众哉：何况天下那么广大，百姓数以兆计那么众多！(怎样去推行教化呢？) ⑤纯其心而已矣：只要治世的圣人、君王持有纯正端直之心就可以了。心：朱熹解释为人君之心。 ⑥仁、义、礼、智四者，动静、言貌、视听无违之谓纯：仁、义、礼、智四德，只要做到动静行止、言语仪态、所看所听都能奉行不违，就可以称得上心纯正端直了。 ⑦心纯则贤才辅：内心纯正，贤才就会去辅助他。 ⑧贤才辅则天下治：能得到贤才的辅佐，就

会把天下治理好。 ⑨纯心要矣:(所以治世的君王)内心纯正端直是关键。要:关键、要领。 ⑩用贤急焉:任用贤才是很急迫的事情。急:紧急、急迫。

礼乐第十三

礼,理也①;乐,和也②。阴阳理而后和③,君君、臣臣、父父、子子、兄兄、弟弟、夫夫、妇妇④,万物各得其理,然后和⑤。故礼先而乐后⑥。

[注释]①礼,理也:礼,就是要合乎道理。理:道理、规律。《礼记·乐记》:"礼也者,理之不可易者也。"《礼记·仲尼燕居》:"礼也者,理也。"意指礼,表现不可变易的道理。周敦颐承继先秦儒学的"礼"的意蕴,突出了"礼"与"理"的联系,成为宋代理学思想的滥觞。 ②乐,和也:乐,就是要达到和谐、和顺。《礼记·中庸》:"乐者,天地之和也。"《礼记·中庸》:"发而皆中节谓之和。" ③阴阳理而后和:阴阳运行变化合乎道理,然后才能达到和谐状态。阴阳:朱熹认为分别指"礼"、"乐"。 ④君君、臣臣、父父、子子、兄兄、弟弟、夫夫、妇妇:君主能行君主之德,臣下能尽臣下的职守,父亲能行为父之道,儿子能尽人子的本分,兄长能尽兄长之谊,幼弟能守幼弟之义,丈夫能尽丈夫之责,妻子能守为妇之道。"君君、臣臣、父父、子子",语出自《论语·颜渊》:"齐景公问政于孔子,孔子对曰:'君君、臣臣、父父、子子。'"孔子意指治理国家的根本在于确立统治秩序、区分上下尊卑。周敦颐把这种思想加以推衍引申。 ⑤万物各得其理,然后和:万物各自按照自身的规律运转,然后才能和谐。 ⑥故礼先而乐后:所以(合乎道理的)礼应该置之于前,然后才能达到和乐。朱熹认为,"礼"、"乐"之间体现的精神意蕴就是周敦颐在《太极图说》中阐述的"定之以中正仁义而主静"之意,也就是"理"。

务实第十四

实胜,善也①;名胜,耻也②。故君子进德修业,孳孳不息，务实胜也③。德业有未著④，则恐恐然畏人知⑤，远耻也⑥。小人则伪而已⑦！故君子日休，小人日忧⑧。

[注释]①实胜，善也：真实的德业胜过虚名的传扬，是好的。胜：胜于、超过。　②名胜，耻也：传扬的名声胜过了实有的道德修养，是可耻的。耻：可耻。　③"君子进德修业"句：君子在道德学业上修习进取，勤勉努力，奋斗不止，务求真实的德业胜过名声。孳孳（zīzi）：勤勉的样子，同"孜孜"。语出自《周易·乾卦·文言》："九三曰'君子终日乾乾，夕惕若，厉无咎'，何谓也？子曰：'君子进德修业。忠信，所以进德也；修辞立其诚，所以居业也。'"乾乾：指奋发进取，与"孳孳"意同。　④德业有未著：如果道德修养和学业事业未能显著。著：明显、显出。　⑤恐恐然畏人知：恐惧担忧，害怕被人知道。恐恐然：害怕畏惧的样子。　⑥远耻：远离耻辱。　⑦小人则伪而已：小人只会假装有德业罢了。　⑧"故君子日休"句：君子日趋于美善，小人日益忧愁。意为由于君子真实的修养道德学业，没有虚名胜人之耻，所以德行日趋美善；小人虚名胜于真实的德业，担心为人所知，所以担忧不安。该句可参见《尚书·君奭》所载周成王告诫卿士的话："恭俭惟德，无载尔伪。作德，心逸日休。作伪，心劳日拙。"休：美善、吉庆。

爱敬第十五

"有善不及？"①曰："不及，则学焉。②"问曰："有不善③？"曰："不善，则告之不善④。"且劝曰："庶几有改乎，斯为君子。⑤""有善一，不善二，则学其一，而劝其二。"⑥。有语曰："斯人有是之不善，非大恶也⑦？"则曰："孰无过⑧，焉知其不能改⑨？改，则为君子矣。不改为恶⑩，恶者天恶之⑪。彼岂无畏耶⑫？乌知其不能改⑬！"故君子悉有众善，无弗爱且敬焉⑭。

[**注释**]①有善不及:别人有善德,而我却有所不及。 ②不及,则学焉:自己赶不上别人的德行,就要去学习。 ③有不善:如果别人有不善,我们该怎么做呢? ④不善,则告之不善:别人有不善之处,就去告诉他。 ⑤且劝曰:“庶几有改乎,斯为君子”:而且去劝勉他说:“希望能改正缺点,这是君子的做法。”庶几:但愿,表示希望。 ⑥有善一,不善二,则学其一,而劝其二:别人有一处优点,两处缺点,就去学习那项优点,并且去劝诫他改正那两处缺点。 ⑦斯人有是之不善,非大恶也:此人有这样的不善之处,不就是大罪过吗?朱熹解释说“有心悖理谓之恶”,有心违背道理(情理、伦理)称为恶。⑧孰无过:谁没有过错。孰:疑问代词,谁、什么、怎么。朱熹解释“无心失理谓之过”,由于无心造成失理称为过。 ⑨焉知其不能改:哪里知道他不能改正呢?焉:疑问代词,哪里、怎么。 ⑩不改为恶:有了过错不改正就是罪恶。恶:罪过、罪恶。 ⑪恶者天恶之:罪恶的人上天就会憎恶他。恶:第一个指罪过、罪恶,第二个音 wù,憎恶、讨厌。 ⑫彼岂无畏耶:他难道会不畏惧吗?彼:他。 ⑬乌知其不能改:怎么知道他不能改过呢?乌:疑问代词,同“何”。⑭故君子悉有众善,无弗爱且敬焉:所以君子具有各种美善的之德,没有不去施与惠爱和尊敬的。此句朱熹解释说:“善无不学,故悉有众善;恶无不劝,故不弃一人于恶。不弃一人于恶,则无所不用其爱敬矣。”(君子)对各种善行优点没有不去学习的,所以就具有各种善德;对于别人的过恶没有不去劝勉的,因此不放弃劝导任何一个人避免罪恶。由于(君子)不会弃人过恶不加劝导,所以没有不去惠爱和尊敬他人的。这体现了周敦颐倡导的君子待人待己之道。

动静第十六

动而无静,静而无动,物也①。动而无动,静而无静,神也②。动而无动,静而无静,非不动不静也③。物则不通,神妙万物④。水阴根阳,火阳根阴⑤。五行阴阳⑥,阴阳太极⑦。四时运行,万物终始⑧。混兮辟兮!其无穷兮⑨！

［注释］①动而无静，静而无动，物也：当动的时候（只有动而）没有静止，静止的时候（只有静）而没有动，这是物的本质。意为物有形体的局限，所以动则动，静则静，不会动中有静，静中有动。 ②动而无动，静而无静，神也：当动的时候还包含着无动，静时还蕴含着无静，这是神的功用。意指神的功用虽离不开形体，但又不受形体的局限，神之所在，动中有静，静中有动，动和静密不可分。 ③动而无动，静而无静，非不动不静也：动的时候，蕴含着静；静的时候，包涵着动，这并不仅仅是处于简单的不动或是不静的状态，而是动静兼有，互相包涵，不可分割。 ④物则不通，神妙万物：物因为受形体所限，不可能使动静相互贯通；神则因为不囿于万物形体，可以使动静兼具，妙合无间。 ⑤水阴根阳，火阳根阴：水属阴而根源于阳，火属阳而根源于阴。 ⑥五行阴阳：五行即是阴阳。周敦颐《太极图说》中说："五行一阴阳也。"意指五行和阴阳的本质并无不同。 ⑦阴阳太极：阴阳即是太极，二者本质相同。周敦颐《太极图说》："阴阳一太极也。"认为阴阳与天地原始混沌之气的太极二者本质相同。 ⑧四时运行，万物终始：一年四季往复运行，万物由始而终，终而复始，循环不已。周敦颐《太极图说》有："五气顺布，四时行焉。……万物生生，而变化无穷也。"又有"原始返终，故知死生只说"。四时：《礼记·孔子闲居》有"天有四时，春秋冬夏"，指四季。 ⑨混兮辟兮，其无穷兮：从宇宙天地混沌不分，到天地初开万物化生，循环往复，无穷无尽。混：混沌、浑然一体不可分割。辟：打开、开辟。

乐上第十七

古者圣王制礼法，修教化①，三纲正②，九畴叙③，百姓大和④，万物咸若⑤。乃作乐以宣八风之气⑥，以平天下之情⑦。故乐声淡而不伤，和而不淫⑧。入其耳，感其心，莫不淡且和焉。淡则欲心平⑨，和则躁心释⑩。优柔平中，德之盛也[11]；天下化中，治之至也[12]。是谓道配天地，古之极也[13]。后世礼法不修，政刑苛紊[14]，纵欲败度[15]，下民困苦[16]。谓古乐不足听也[17]，代变新声[18]，妖淫愁怨[19]，导欲增悲[20]，不能自止[21]。故有贼君弃父，轻生败伦，不可禁者矣[22]。呜呼！乐者古以平心[23]，今以助欲[24]；古以宣化[25]，今以长怨[26]。不复古礼[27]，不变今乐[28]，而欲至治者远矣[29]！

[**注释**]①古者圣王制礼法，修教化：古时候的圣明君王创制礼法，修明教化。　②三纲正：三纲得以整治确定。三纲：夫为妻纲、父为子纲、君为臣纲。三纲指夫、父、君为妻、子、臣的纲领和表率，为妻、为子、为臣的必须绝对服从于夫、父、君。三纲是封建社会主要的道德关系准则。班固《白虎通·三纲六纪》："三纲者何谓也？谓君臣、父子、夫妇也。……君臣、父子、夫妇，六人也，所以称三纲何？一阴一阳谓之道。阳得阴而成，阴得阳而序，刚柔相配，故六人为三纲。"周敦颐的思想接续传统观念而生。纲：网上的大绳，引申为事物的关键部分、主体、法度和秩序。　③九畴叙：九类治国大法则得以次序条理。九畴：指九类治国法则，出自《尚书·洪范》所载："天乃锡禹洪范九畴，彝伦攸叙。"畴：类。该篇中九畴具体指：一是五行，指水、火、木、金、土，人类可以利用其属性从事生产生活的物质。二是敬用五事，恭敬地做好五类事情。五事指貌、言、视、听、思五种人所具备的行为能力。三是农用八政，努力做好食（农事）、货（财货）、祀（祭祀）、司空（工程营建）、司徒（教化）、司寇（司法刑狱）、宾（诸侯朝觐）、师（军事）等八类政事。农：义同"勉"，努力。四是协用五纪，符合天时的五种记时方法。协：符合天时。五纪：指岁、月、日、星辰、历法等五种记时方法。五是皇极，君王至高无上的统治准则，内容有君王要确立统治准则，赐福于民，宽以待民，行为端直、奉行中正之道，召集并任用正直贤能的官员，教化民众等。六是又用三德，即推行三种治理臣民的方式。三德：指正直（端正平直）、刚克（刚强取胜）、柔克（柔顺取胜）三种理政治民的方法。七是明用稽疑，指运用卜筮决策。内容有选用占卜筮卦之人，根据具

体的龟卜兆象、筮草的卦象，参以卿士、庶民的意见，斟酌损益，作出正确的决策。八是念用庶征，即考虑各种检验君王行为的征兆。包括一年中的寒热晴雨风气候变化等众多与君王行为相关的吉凶征兆，检查君王是恭敬整肃、政治修明、明哲远虑、通达事理，还是行为狂悖错乱、安逸享乐、急躁昏聩，以使君王谨慎行事。九是向用五福，威用六极，即用寿、富（富贵）、康宁（健康安宁）、攸好德（喜好美德）、考终命（为老而善终）等五种幸福之事褒奖勉励人，用凶短折（早死）、疾（疾病）、忧（忧愁）、贫（贫穷）、恶（邪恶）、弱（懦弱）等六种极端苦恶之事惩罚戒伤人。　④百姓大和：百姓和谐融洽。参见《左传・襄公十三年》："晋国之民，是以大和，诸侯遂睦。"　⑤万物咸若：万物皆能顺从。咸：皆、都。若：顺从。　⑥乃作乐以宣八风之气：于是圣王作乐用以宣扬八风之气。八风：可见《淮南子・天文训》："何谓八风？距日冬至四十五日条风至，条风至四十五日明庶风至，明庶风至四十五日清明风至，清明风至四十五日景风至，景风至四十五日凉风至，凉风至四十五日阊阖风至，阊阖风至四十五日不周风至，不周风至四十五日广莫风至。条风至则出轻系，去稽留。明庶风至则正封疆，修田畴。清明风至则出币帛，使诸侯。景风至则爵有位，赏有功。凉风至则报地德，祀四郊。阊阖风至则收县垂，琴瑟不张。不周风至则修宫室，缮边城。广莫风至则闭关梁，决刑罚。"自冬至日始，一年四季有八个风候，每一风候至，君主需要依据其特征安排农事政事活动，如释放轻罪的囚犯，修整田陌封疆，通使诸侯，封爵赏功，祭祀天地鬼神；或是收藏钟磬琴瑟，慎终追远；或是营建宫室，修缮边城，封闭关津桥梁，判决刑狱等。据《淮南子・天文训》高诱注，每一种风候，依据风向，分别与八卦方位相对，并有乐器相配，如条风配笙，明庶风配管（箫管），清明风配柷，景风配弦（琴瑟之属），凉风配埙，阊阖风配钟，不周风配磬，广莫风配鼓。不同的乐器，需有不同的乐声乐调相配，此处圣王作乐，也是为了与八种风候相应，进而顺应天道人心。　⑦平天下之情：用来平服安定天下万民之情。平：平定、安定。　⑧故乐声淡而不伤，和而不淫：所以乐声淡泊而不忧伤，和谐而不庸俗放荡。语可参见《论语・八佾》："关雎，乐而不淫，哀而不伤。"　⑨淡则欲心平：乐声淡泊，贪欲之心就会平复。　⑩和则躁心释：乐声和谐，浮躁之心就会缓释。⑪优柔平中，德之盛也：乐声柔和平缓中正，这是道德隆盛的表现。优柔：比喻乐声柔和，王褒《洞箫赋》："优柔温润，又似君子。" ⑫天下化中，治之至也：天下因教化而达到中正和谐的境地，这是政事治理的最高境界。 ⑬是谓道配天地，古之极也：这种情形能称得上是（治世作乐所运用的）大道可以与天地相配合，是古代社会最好的境界。 ⑭政刑苛紊：施政与刑罚严苛混乱。苛：苛刻、过于严厉。紊：紊乱。 ⑮纵欲败度：放纵淫欲，败坏法度。⑯下民困苦：百姓贫困劳苦。下民：百姓、人民。《诗经·小雅·十月之交》："下民之孽，匪降自天。"《史记·循吏列传》："使食禄者不得与下民争利。"⑰谓古乐不足听也：认为古时的音乐不值得听。 ⑱代变新声：历代变换新的音乐。 ⑲妖淫愁怨：乐声充满妖冶放荡忧愁怨恨。 ⑳导欲增悲：诱导人的贪欲，增添人的悲伤。 ㉑不能自止：不能自我克制。 ㉒"故有贼君弃父"句：所以就有贼害国君、抛弃父母、轻视生命、败坏伦理等行为发生，而且无法加以禁止。 ㉓乐者古以平心：音乐在古代用来使人心安定。 ㉔今以助欲：今天的音乐用来助长欲望。 ㉕宣化：宣扬教化。 ㉖长怨：助长怨恨之心。 ㉗不复古礼：不恢复古代的礼仪。 ㉘不变今乐：不改变现代的音乐。 ㉙而欲至治者远矣：而想要达到治世的境界，差得太远了。

乐中第十八

乐者，本乎政也①。政善民安②，则天下之心和③。故圣人作乐，以宣畅其和心④，达于天地⑤，天地之气，感而太和焉⑥。天地和，则万物顺，故神祇格⑦，鸟兽驯⑧。

[注释]①乐者，本乎政也：音乐，根源于政事。 ②政善民安：施美善之政，百姓安乐。 ③则天下之心和：那么天下的人心就会和谐融洽。 ④以宣畅其和心：用来宣扬和通畅天下百姓和谐平正之心。 ⑤达于天地：传达充盈于天地之间。 ⑥天地之气，感而太和焉：天地之气，受到感应从而非常和谐。 ⑦天地和，则万物顺，故神祇格：天地之间和谐，那么万物就会和顺，所以神明会受到感应而来。格：来、至。 ⑧鸟兽驯：鸟兽也有变得驯服。驯：驯服、顺服。

乐下第十九

乐声淡则听心平①，乐辞善则歌者慕②，故风移而俗易矣③。妖声艳辞之化也，亦然④。

［注释］①乐声淡则听心平：乐声淡泊，听者的心情就会平和。　②乐辞善则歌者慕：歌词美好，歌唱的人就会心生仰慕之心。乐辞：歌词。慕：敬仰、仰慕，即对乐辞美善的道德境界心生敬仰之情。　③风移而俗易：社会风气和习俗就会随着转变。移：改变。易：改变、转变。　④妖声艳辞之化也，亦然：妖冶的乐声，艳丽浮华的歌词，对诱导和改变社会人心所起的作用，也是这个样子。化：改变、感化。

圣学第二十

“圣可学乎？”曰：“可。”曰：“有要乎①？”曰：“有。”“请闻焉②。”曰：“一为要③。一者无欲也④，无欲则静虚、动直⑤，静虚则明⑥，明则通⑦；动直则公⑧，公则溥⑨。明通公溥，庶矣乎⑩！”

［注释］①要：要领、关键。　②请闻焉：请让我听听您的解答。　③一为要：一即为要领。《管子·五行》：“一者本也，二者器也。”《管子·兵法》：“明一者皇，察道者帝，通德者王。”《说文解字·一部》：“惟初太始，道立于一，造分天地，化成于物。”周敦颐视“一”为学习达到圣人境界的要领，有借“一”论道之意。　④一者无欲也：一就是内心纯一，没有欲求。朱熹解释说：“一即所谓太极”、“人试看无欲之时，心岂不一？”这里的一，指内心纯一。　⑤无欲则静虚、动直：心无欲求，才能在无外物触动时静默空虚，与浑然纯正的本体合一；有外物感发，就会使本体的功用得到发挥，流动传布，从而行事时正直中道。静虚、动直：朱熹用周敦颐《太极图说》的意旨，解释为“静虚即阴静，

动直即阳动”，他的学生与朱熹的对话中解释说：“一者，此心浑然太极之体，无欲者，心体粹然无极之真。静虚者，体之未发，豁然绝无一物所累，阴之性也；动直者，用之流行，坦然由中道而出，阳之情也。”（《朱子语类》卷九十四）意指内心纯一，浑然一体，如同太极本然的状态。无欲：就是心的本体纯粹，具有无极的纯真。静虚：是本体未有外物触动，开阔疏朗，完全没有外物的牵连，这是阴的属性。动直：是本体的功用得以触动生发，流动传布，坦坦荡荡，从中正之道中生出，这是阳的情实。这是符合周敦颐的精神意旨的。　⑥静虚则明：当静时没有外物触动，就会内心空阔、思虑清明。　⑦明则通：思虑清明就会行事通达。通：通达，《周易·系辞上》：“一阖一辟谓之变，往来不穷谓之通。”　⑧动直则公：行为正直合宜就会公正无私。　⑨公则溥：公正无私做到极致，施之四海广大普遍。溥（pǔ）：广大、普遍。《礼记·祭义》：“溥之而横乎四海。”梁绍辉说，周敦颐吸取的“溥”的广大遍布之义，作为比“公”更加高大广阔的境界，这是他的独创。　⑩明通公溥，庶矣乎：思虑清明深远，行事通达，行为公正无私，施之广大普遍之处，这大概也就差不多了。

公明第二十一

公于己者公于人①，未有不公于己而能公于人也②。明不至则疑生③。明，无疑也④。谓能疑为明，何啻千里⑤？

［注释］①公于己者公于人：能对己公正不偏的人也能对人公正无私。意指人只有自己没有私心，才能要求别人做事不偏私，如同有善于己，才能责人之善。待己公正不苟，才能公正待人。　②未有不公于己而能公于人也：没有对待自己不公正的人还能公正对待他人。　③明不至则疑生：思虑达不到清明无碍，就会疑虑丛生。　④明，无疑也：思虑清明澄澈，就会没有疑惑。　⑤谓能疑为明，何啻千里：认为能怀疑就是思虑清明，那相差何止千里呢？何啻（chì）：何止、岂止。啻：止、仅。

理性命第二十二

厥彰厥微①，匪灵弗莹②。刚善刚恶③，柔亦如之④，中焉止矣⑤。二气五行，化生万物⑥。五殊二实，二本则一⑦。是万为一，一实万分⑧。万一各正⑨，小大有定⑩。

[注释] ①厥彰厥微：作为大道的理，既显明又隐微。语见《尚书·周书·泰誓》："天有显道，厥类惟彰。"意为上天有显明的大道，上天的法则惟有显明、宣扬；又可见《周易·系辞下》："君子知微知彰，知柔知刚，万夫之望。"意为君子知道无论是微小的征象或是显明彰著的事物中蕴含的道理。厥：其，他的。彰：显明、宣扬。微：隐微。 ②匪灵弗莹：人的内心如果不聪慧灵敏，就不会明白认识它(理)。灵：知晓。引申为灵敏、聪慧。莹：明白、认识。匪：非、不是。弗：不。 ③刚善刚恶：人之性情中的刚善、刚恶。刚善刚恶：见《师第七》的解释："刚善为义，为直，为断，为严毅，为干固；恶为猛，为隘，为强梁。" ④柔亦如之：人之性情中的柔，也同样分柔善柔恶。见《师第七》："柔善为慈，为顺，为巽；恶为懦弱，为无断，为邪佞。" ⑤中焉止矣：最好的状态是做到刚柔相得，中正不偏。 ⑥二气五行，化生万物：阴阳二气和水、火、木、金、土五行变化融合，化育生成万物。二气：阴阳二气。五行：水、火、木、金、土五种特殊实物。 ⑦五殊二实，二本则一：五行的不同，归因于阴阳二气的实质；阴阳二气本源于太极。这种观念与《太极图说》中的阴阳五行概念完全一致，《太极图说》有："五行一阴阳也，阴阳一太极也，太极本无极也。" ⑧是万为一，一实万分：因此，世间万物归本于太极，太极化分生成万物。 ⑨万一各正：万物、太极各正其位。正：正定、确定。 ⑩小大有定：小大之物也都有它自身确定的属性。定：确定。

颜子第二十三

颜子"一箪食，一瓢饮，在陋巷，人不堪其忧，而不改其乐①”。夫富贵，人所爱也。颜子不爱不求，而乐乎贫者，独何心哉②？天地间有至贵至爱可求③，而异乎彼者④，见其大而忘其小焉尔⑤。见其大则心泰，心泰则无不足⑥。无不足则富贵贫贱处之一也⑦。处之一则能化而齐⑧。故颜子亚圣⑨。

[**注释**]①“颜子‘一箪食’”句：出自《论语·雍也》：“子曰：‘贤哉回也！一箪食，一瓢饮，在陋巷，人不堪其忧，回也不改其乐。贤哉回也！’”孔子赞誉颜回“安贫乐道”的品格和修养，认为颜回的可贵之处不仅在能安于别人常感忧愁于心的贫困生活，而且在于在这样的境况下仍然不改变自己原来的乐趣和追求。本章以颜回的典故起始，与《志学第十》中“志伊尹之所志，学颜子之所学”呼应。本句意为：颜回只吃一箪饭食、一瓢饮水，住在简陋的巷子里，别人受不了这样贫困的忧愁，颜回却不改变他的乐趣。　②“夫富贵”句：富与贵，是众人所喜爱的。而颜回不喜爱也不去追求富贵，乐于贫困，究竟是什么心思呢？本句以设问发端，引出对颜回思想境界的探询和阐述。　③天地间有至贵至爱可求：本句中华书局所据底本似有脱文，本章朱熹注说：“‘至爱’之间，当有‘富可’二字。所谓‘至贵至富，可爱可求’者。即周子（周敦颐）之教程子（程颐、程颢），‘每令寻仲尼颜子乐处，所乐何事’者也。”黄宗羲《宋元学案》本（清光绪二十六年何绍基刻）即为“天地间有至贵至富、可爱可求”，可从。本句意为：天地之间，有至为富裕至为高贵的东西，值得喜爱，也值得追求。　④而异乎彼者：而与世俗对富贵的追求不同的原因。　⑤见其大而忘其小焉尔：看到大的内心喜乐，而忘记小的世俗富贵了。　⑥见其大则心泰，心泰则无不足：看见大的喜乐，内心就会通畅快乐，内心通畅快乐，就会觉得无所不足。泰：通达、通畅。《周易·序卦》：“履而泰，然后安，故受之以泰。泰者，通也。”《周易·泰传》：“天地交泰，后以财成天地之道，辅相天地之宜。”《周易·泰传》：“天地交而万物通也，上下交而其志同也。”《广雅·释诂》：“泰，通也。”梁绍辉说，泰有沟通天地万物、上下内外之义。“心泰”指的是一种无所不通、无所不宜、无所不足的思想境界。可从。　⑦无不足则富贵贫贱处之一也：内心安然自足，那么无论身处富贵，还是身处贫贱，都会视之如

一，心境都是相同的。　⑧处之一则能化而齐：朱熹认为，本句“齐字意复，恐或有误”。无论身处富贵或是贫贱之境，都能视之如一，那么内心是能消除富贵贫贱境遇的差别而与圣人齐同了。化：变化、消除。齐：相等、相同、齐同。朱熹解释为“齐于圣也”，即与圣人相等了。　⑨亚圣：仅次于圣人，泛指才智次于圣人的人。亚：朱熹解释为“则将齐而未至之名也”，是对将要等同而未达到的程度的称谓，这里用作动词，次于。圣：这里特指孔子。

师友上第二十四

天地间，至尊者道，至贵者德而已矣①。至难得者人②，人而至难得者，道德有于身而已矣③。求人至难得者有于身④，非师友，则不可得也已⑤！

［注释］①“天地间”句：天地之间，最尊贵的是道，最宝贵的是德罢了。　②至难得者人：天地万物之中最为难得的是人。周敦颐在《太极图说》中说“万物生生，而变化无穷焉。惟人也，得其秀而最灵”，强调了人在天地万物之中的地位。　③人而至难得者，道德有于身而已矣：使人卓然超出万物之中的，是因为人自身具有道德。　④求人至难得者有于身：想要求取个人身上具有最难得的道德。　⑤非师友，则不可得也已：如果不是老师教导和朋友的砥砺、辅助，就不可能得到。

师友下第二十五

道义者，身有之，则贵且尊①。人生而蒙②，长无师友则愚③。是道义由师友有之④。而得贵且尊⑤，其义不亦重乎⑥！其聚不亦乐乎⑦！

［注释］①道义者，身有之，则贵且尊：道和义，如果自身具有，就会高贵而尊崇。本句亦可作“道义者身有之，则贵且尊”。说明身有道义则贵且尊。

朱熹认为，本章语句与上章重复，“其丁宁之意切矣”，表现了周敦颐反复叮咛，循循善诱之意。　②人生而蒙：人生来都是蒙昧无知的。蒙：本指万物出生时的幼小稚弱。《周易・序卦》：“物生必蒙，故受之以蒙。蒙者，蒙也，物之稚也。”《周易正义》：“蒙者微昧、暗弱之名。”引申为蒙昧、暗弱，尚未开化。③长无师友则愚：长大之后，没有老师的教导和朋友的砥砺、辅助，就会蠢笨无知。　④是道义由师友有之：是以道义是从老师和朋友那里得到才有的。朱熹认为，此句后应有“由师友”字，与下句相连。　⑤而得贵且尊：（从师友那里接受教导和辅助，获得道义）而后得以富贵且尊崇。　⑥其义不亦重乎：这种道理不也很重要吗！义：意义、意思，指师友的教导和辅助。　⑦其聚不亦乐乎：师友相聚不也快乐吗！聚：相聚、聚合。

过第二十六

仲由喜闻过①，令名无穷焉②。今人有过，不喜人规③，如护疾而忌医④，宁灭其身而无悟也⑤。噫⑥！

[**注释**]①仲由喜闻过：子路喜欢听到别人指出自己的过错。语出《孟子・公孙丑》：“子路，人告之以有过则喜。”仲由：仲氏，名由，字子路。又称季子、季路。孔子的弟子，鲁国卞（今山东泗水以东）人，《论语》记事，有三十多处提及子路。他以政事见称，为人伉直鲁莽，好勇力，信守承诺，忠于职守，曾随孔子周游列国，深得孔子器重。孔子说：“自吾有由，而恶言不入于耳。”后死于卫国内乱。　②令名无穷焉：美名的传播没有穷尽。令名：美好的名声。　③不喜人规：不喜欢他人规劝。规：规劝、劝诫。　④护疾而忌医：遮掩袒护自己的疾病而忌讳医治。护：遮掩、袒护。忌：顾忌、忌讳。　⑤宁灭其身而无悟：宁愿自己身败名裂也不觉悟。　⑥噫（yī）：感叹词，表示慨叹和痛惜。

势第二十七

天下，势而已矣①。势，轻重也②。极重不可反③。

识其重而亟反之，可也[④]。反之，力也[⑤]。识不早，力不易也[⑥]。力而不竞，天也[⑦]。不识不力，人也[⑧]。天乎？人也，何尤[⑨]！

[注释] ①天下，势而已矣：天下，不过是一种必然的趋势罢了。势：趋势。王夫之《读四书大全说》解释说："凡言势者，皆顺而不逆之谓也；从高趋卑，从大包小，不容违阻之谓也。""势"指一种都需要顺从而不能违逆的，从高到低，以大包小，不容许阻挡和违背的必然趋势。　②势，轻重也：事物发展的趋势，有轻有重。　③极重不可反：事物发展的形势极为严重，就不可能改变和挽回。　④识其重而亟反之，可也：认识到发展趋势的严重，而马上采取措施挽回，是可以的。亟：急切、迫切。朱熹认为这是讲天下大势，他说："是说天下之势。如秦至始皇强大，六国便不可敌。东汉之末，宦官权重，便不可除。绍兴初，只斩陈少阳，便成江左之势。"(《朱子语类》卷九十四)旨在说明，天下之"势"，一旦形成，就难以改变，认识到事情发展有日益严重的趋向，迅速采取措施，才有改变的可能。　⑤反之，力也：及时挽回事物发展的不良趋势，是要靠人力的。　⑥识不早，力不易也：如果没能及早认识清楚，徒有人力也是不容易改变的。朱熹解释说："反之在于人力，而力之难易，又在识之早晚。"　⑦力而不竞，天也：尽力了却不能挽回，这是天意。竞：竞争，指与某种事情发展的趋势相竞争、对抗。　⑧不识不力，人也：不能认清趋势，就不知如何尽力；不能尽力挽回，即使看清形势也于事无补。这种过错在于人。朱熹解释说："不识，则不知用力；不力，则虽识无补。"　⑨天乎？人也，何尤：事物发展的趋势不可挽回了，果真是天意吗？如果不是，而是出于人之所为，那么能怪罪谁呢？尤：抱怨、责怪。朱熹解释说："问势之不可反者，果天之所为乎？若非天，而出于人之所为，则亦无所归罪矣。"

文辞第二十八

文所以载道也[①]。轮辕饰而人弗庸，徒饰也[②]；况虚车乎③！文辞，艺也④；道德，实也⑤。笃其实⑥，而艺者书之⑦，美则爱，爱则传焉⑧。贤者得以学而至之，是为教⑨。故曰："言之无文，行之不远⑩。"然不贤者，虽父兄临之，师保勉之，不学也；强之，不从也⑪。不知务道德而第以文辞为能者⑫，艺焉而已⑬。噫！弊也久矣⑭！

[**注释**]①文所以载道也：文辞是用来承载大道的。"文以载道"的命题，是由周敦颐第一个明确提出的。　②轮辕饰而人弗庸，徒饰也：车子装饰得漂亮，人们却不使用它，装饰就是徒劳了。轮辕：车轮和车辕，指代车子。辕：车辕，指车前驾牲畜的直木。周代车为独辕，一曲木居中；汉代以后车多双辕，为两直木，左右各一。　③况虚车乎：何况那些不载物（也不使用）的车呢？虚车：指那些不载人不载物、闲置不用的车。　④文辞，艺也：文辞，是一种技艺。文辞：加以修饰的言语，也指文章的语言、文章。　⑤道德，实也：道德，是一种实有的内涵。实：实际、实在内容。　⑥笃其实：使真实的内涵深厚笃正。笃：厚、深厚。　⑦而艺者书之：而且用技艺去书写。　⑧美则爱，爱则传焉：文辞优美就会得到众人喜爱，众人喜爱就会流行传播。　⑨贤者得以学而至之，是为教：贤能的人能够得以学习从而达到道德的境界，这就是教化。　⑩言之无文，行之不远：语言文字如果不能做到文采优美，就不能传布到远方。语出《左传·襄公二十五年》所载孔子的话："仲尼曰：'《志》有之：'言以足志，文以足言。'不言，谁知其志？言之无文，行而不远。"　⑪然不贤者，虽父兄临之，师保勉之，不学也；强之，不从也：可是那些不贤能的人，虽然有父兄监督教导，师保勉励，他还是不愿学习；勉强他去学，仍然不听从。临：监督、监管。保：古代负责辅导太子等贵族子弟及未成年帝王的官员，此处泛指老师。　⑫不知务道德而第以文辞为能者：不知道致力于道德修养而只是以修饰文辞为能事的人。　⑬艺焉而已：只不过有点技艺罢了。　⑭噫！弊也久矣：哎！这种（不务道德，崇尚文辞）的流弊已经存在很久了。

圣蕴第二十九

"不愤不启，不悱不发，举一隅不以三隅反，则不复也。"①子曰："予欲无言。天何言哉！四时行焉，百物生焉。②"然则圣人之蕴③，微颜子殆不可见④。发圣人之蕴，教万世无穷者，颜子也⑤。圣同天，不亦深乎⑥！常人有一闻知，恐人不速知其有也⑦，急人知而名也⑧，薄亦甚矣⑨！

[注释] ①不愤不启，不悱不发，举一隅不以三隅反，则不复也：不冥思苦想不去启发，不郁积难言不开导，举一个方面不能进而理解其他方面，就不必要再重复讲解了。语出自《论语·述而》。愤：郁结于心。悱(fěi)：想说说不出。隅(yú)：角、方角，也可指事物的部分或片面。反：同"返"，类推。复：重复、再次。　②子曰："予欲无言。天何言哉！四时行焉，百物生焉"：孔子说："我不想说话了，上天说了什么呢？然而四季运行，万物生长。"语出自《论语·阳货》，原文为："子曰：'予欲无言。'子贡曰：'子如不言，则小子何述焉？'子曰：'天何言哉？四时行焉，百物生焉，天何言哉？'"朱熹解释说："言圣人之道，有不待言而显者，故其言如此。"朱熹认为圣人之道，不必靠言述就可以显示出来，所以孔子不欲言。孔子的意思是说告诫人们要慎于言语，说明人应该像上天一样，虽不言不语，但要行其正事。　③圣人之蕴：圣人不言不语，但行其事，行为符合大道，其中蕴藏着丰富深厚的道理。蕴：事物中包含的道理。朱熹解释说："蕴，中所畜之名也。"　④微颜子殆不可见：如果没有颜回恐怕无法发现。微：无、没有。殆：大概、恐怕。　⑤发圣人之蕴，教万世无穷者，颜子也：阐发圣人言语行事中深厚的精神内涵，教导其后万世乃至无穷的人，是颜回了。朱熹解释说："仲尼无迹，颜子微有迹。故孔子之教，既不轻发，又未尝自言其道之蕴，而学者惟颜子为得其全。故因其进修之迹，而后孔子之蕴可见。"朱熹认为圣人孔子言语行事符合天道，无行迹可寻，颜回则稍微显示了行迹。孔子教导众人，未曾轻易阐释圣人之道的真谛，求学问道之士，只有凭借颜回跟从孔子修养的行迹来窥知其中的奥秘。　⑥圣同天，不亦深乎：圣人与天道齐同，难道不深厚吗！　⑦常人有一闻知，恐人不速知其有也：平常的人只要听到一种道理，唯恐别人不能马上知道他获知的道理。　⑧急人知而名也：急于让人知道而自己因此出名。　⑨薄亦甚矣：实在是

太浅薄了。朱熹解释说："圣凡异品，高下悬绝，有不待校而明者。其言此者，正以深厚之极，警夫浅薄之尤耳。"圣人和凡夫俗子品级不同，高下差别很大，不用比较衡量，就很明白。周敦颐这样言说，正是用圣人言行中极为深厚的道理，警醒那些尤为浅薄的见识。

精蕴第三十

圣人之精，画卦以示①；圣人之蕴，因卦以发②。卦不画，圣人之精，不可得而见③。微卦，圣人之蕴，殆不可悉得而闻④。《易》何止五经之源⑤，其天地鬼神之奥乎⑥！

[注释] ①圣人之精，画卦以示：圣人的思想精微奥妙，用画出八卦的方式加以显示。圣人：指伏羲氏。伏羲，也作包牺。传说中伏羲氏创作八卦。《周易·系辞下》："古者包牺氏之王天下也，仰则观象于天，俯则观法于地，观鸟兽之文与地之宜，近取诸身，远取诸物，于是始作八卦，以通神明之德，以类万物之情。"精：精微。朱熹解说："精者，精微之意。画前之易，至约之理也。伏羲画卦，专以明此而已。"他认为"精"指精微的道理。《易》在画卦显示之前，是一种至为简约的道理。伏羲氏画卦，专门是来阐明圣人精微的道理的。可参。　②圣人之蕴，因卦以发：圣人深厚的精神内涵，凭借着卦象而阐发。《周易·说卦》："昔者圣人之作《易》也，幽赞于神明而生蓍，参天两地而倚数，观变于阴阳而立卦，发挥于刚柔而生爻，和顺于道德而理于义，穷理尽性以至于命。"　③卦不画，圣人之精，不可得而见：如果八卦没有画出来，圣人伏羲氏思想的精微深奥就见不到了。　④微卦，圣人之蕴，殆不可悉得而闻：如果没有八卦，圣人伏羲氏言行中深厚的道理恐怕也无法全部闻知了。　⑤《易》何止五经之源：《易》哪里只是五经的根源。五经之源：《乐》、《诗》、《礼》、《书》、《春秋》等五经的源头。此说可见班固《汉书·艺文志》："六艺之文：《乐》以和神，仁之表也；《诗》以正言，义之用也；《礼》以明体，明者著见，故无训也；《书》以广听，知之术也；《春秋》以断事，信之符也。五者，盖五常之道，相须而备，而《易》为之原。"　⑥其天地鬼神之奥乎：实在是天地鬼神玄秘深

奥的道理所在呀。

乾损益动第三十一

君子乾乾，不息于诚[①]，然必惩忿窒欲[②]，迁善改过而后至[③]。乾之用其善是[④]，损益之大莫是过[⑤]，圣人之旨深哉[⑥]！“吉凶悔吝生乎动[⑦]。”噫！吉一而已，动可不慎乎[⑧]！

[**注释**]①君子乾乾，不息于诚：君子刚健有为，自强不息地修养诚。语出《周易·乾卦》：“君子终日乾乾，夕惕若，厉无咎。”孔颖达疏：“言每恒终竟此日，健健自强，勉力不有止息。”乾乾：刚健自强、奋发有为。 ②惩忿窒欲：抑制忿怒的情绪，堵塞不正当的欲望。惩：止、抑制。窒（zhì）：堵塞。语出《周易·损卦》：“损，君子以惩忿窒欲。”惩忿窒欲也省作“惩窒。” ③迁善改过而后至：看见善行就倾心向往，有了过错就马上改正，然后就能达到诚的境地。语出自《周易·益卦》：“象曰：风雷，益；君子以见善则迁，有过则改。”迁：就、从，犹言“向往”。 ④乾之用其善是：乾卦之道的运用，以这样为善。其善是：朱熹认为：“‘其’字亦是‘莫’字。”即“莫善是”，没有比这更善了。是：这、此，指上文所说的“惩忿窒欲”、“迁善改过”。 ⑤损益之大莫是过：《损》、《益》之卦蕴含的大道理，也没有超过这些的。莫是过：莫过于是、没有超过这些的。是：这些，亦指“惩忿窒欲、迁善改过”的修养功夫。 ⑥圣人之旨深哉：圣人的意旨真是深远啊。 ⑦吉凶悔吝生乎动：吉、凶、悔、吝，都是由行动生成的。语出自《周易·系辞下》：“吉凶悔吝者，生乎动者也。”吉凶悔吝：是《周易》卦辞中常用的语词。吉：吉祥。凶：凶险。悔：悔恨。吝：憾惜。 ⑧吉一而已，动可不慎乎：（吉、凶、悔、吝四种境况之中，一种是好的而三种都是恶的，）吉仅占一种罢了，行动能不谨慎吗？朱熹解释说：“四者一善而三恶，故人之所值，福常少而祸常多，不可不谨。”可从。

家人睽复无妄第三十二

治天下有本，身之谓也①；治天下有则，家之谓也②。本必端③。端本，诚心而已矣④。则必善；善则，和亲而已矣⑤。家难而天下易，家亲而天下疏也⑥。家人离，必起于妇人⑦。故《睽》次《家人》⑧，以“二女同居，而志不同行”也⑨。尧所以厘降二女于妫汭，舜可禅乎？吾兹试矣⑩。是治天下观于家，治家观身而已矣⑪。身端，心诚之谓也⑫。诚心，复其不善之动而已矣⑬。不善之动，妄也⑭；妄复，则无妄矣⑮；无妄，则诚矣⑯。故《无妄》次《复》⑰，而曰“先王以茂对时育万物”⑱。深哉⑲！

[注释]①治天下有本，身之谓也：治理天下有根本，这个根本在于自身。②治天下有则，家之谓也：治理天下有法则，这个法则在于家。则：朱熹解释说，“则，谓物之可视以为法者，犹俗言则例、则样也”。即法则、准则。　③本必端：根本必须端正。端：端直、端正。　④端本，诚心而已矣：要使根本端正，只需做到心真实无妄罢了。　⑤则必善；善则，和亲而已矣：法则必须良善；要使法则良善，无非做到亲者和睦相处罢了。和亲：使亲人和谐、和睦。⑥家难而天下易，家亲而天下疏也：治家难，治理天下事却容易，这是由于家人关系亲近，（涉及利害冲突、是非曲直，）难以裁决；天下人却由于关系疏远，（没有错综复杂的关系牵绊，）反而易于秉公裁决。朱熹解释说：“亲者难处，疏者易裁，然不先其难，亦未有能其易者。”意为如果能在处理复杂的家事中把握合适的尺度和原则，把这种原则扩充，推而广之，治理天下也就变得容易。　⑦家人离，必起于妇人：家人人心离散，一定是由妇人引起的。　⑧故《睽》次《家人》：因此《周易》的卦序排列上《睽卦》放在《家人卦》的后面。《周易》卦序中，《家人》为三十七卦，《睽》为三十八卦。《周易·序卦》对此解释说：“伤于外者必反于家，故受之以《家人》。家道穷必乖，故受之以《睽》。睽

者，乖也。"《周易集解》引崔憬说："妇子嘻嘻，过在失节；失节则穷，穷则乖。"这里周敦颐利用卦序解说中妇女失节导致家穷人散来阐明道理。　⑨以"二女同居，而志不同行"也：这是因为"两位女子同居一室，但心志并不相同"的缘故。语出自《周易·睽卦》。朱熹对此解释说："二女，谓《睽卦》兑下离上，兑少女，离中女也。阴柔之性，外和悦而内猜嫌，故同居而异志。"说明卦象是兑下离上，兑表示少女，离表示中女。女子具有阴柔之性，外表看来和谐愉悦，实则内心互相猜嫌，因此同居一起却心志相异。　⑩"尧所以厘降二女于妫汭"句：尧就是这样，把自己两个女儿下嫁于妫水的拐弯处(舜居住的地方)，是否值得把帝王之位禅让给舜呢？我这样来试试他。语出《尚书·尧典》："帝曰：'咨！四岳。朕在位七十载，汝能庸命巽朕位？'岳曰：'否德忝帝位。'曰：'明明扬侧陋。'师锡帝曰：'有鳏在下，曰虞舜。'帝曰：'俞！予闻，如何？'岳曰：'瞽子，父顽，母嚚，象傲；克谐，以孝烝烝，乂不格奸。'帝曰：'我其试哉！女于时，观厥刑于二女。'厘降二女于妫汭，嫔于虞。"厘：饬令、命令。降：下嫁。妫(guī)汭(ruì)：妫河的弯曲处。河流的弯曲处称汭。　⑪是治天下观于家，治家观身而已矣：所以能不能治理天下看能否治理好家，能不能把家治理好看自身能不能修养好罢了。　⑫身端，心诚之谓也：自身端正，也就是内心真实无妄。　⑬诚心，复其不善之动而已矣：内心真实无妄，也就是把自己不善的举动复归向善罢了。　⑭不善之动，妄也：不善的举动，是虚妄荒诞的。妄：虚妄、胡作非为。　⑮妄复，则无妄矣：使荒诞虚妄的回归原处，那么就是无妄。　⑯无妄，则诚矣：无妄(则内心恢复了纯粹真实)，就做到了诚。　⑰故《无妄》次《复》：所以《周易》的卦序排列之中，《无妄卦》列在了《复卦》之后。《周易·序卦》："物不可以终尽，《剥》穷上反下，故受之以《复》。《复》则不妄矣，故受之以《无妄》。"《周易》的《剥卦》所讲的是事物剥落不可能终久穷尽，穷尽于上，就会导致复归于下，所以接着是象征回复的《复卦》。能复归正道，就不至于荒诞妄为，所以接下来就是象征"不荒诞妄为"的《无妄卦》。　⑱而曰"先王以茂对时育万物"：而且说先代圣王用强盛的威势来顺应天时，养育万物。语出自《周易·噬嗑传》："天下雷行，物与无妄；先王以茂对时育万物。"语中"天下雷行，物与无妄"是解释《无妄卦》上乾为天、下震为雷之象；说明天下雷声震动，万物皆因其威势而不敢妄为。由此，先王顺应天道，用强大的威势配合天时，从而生养万物。茂：盛大，指如同天雷的威势。对：匹配、配合。　⑲深哉：（卦序安排的）意旨多么深刻呀。

富贵第三十三

君子以道充为贵，身安为富①，故常泰无不足②。而铢视轩冕，尘视金玉③，其重无加焉尔④！

[注释] ①君子以道充为贵，身安为富：君子认为道德充实即是尊贵，身体安健才是富有。　②常泰无不足：常常感到通畅舒泰，没有什么不满足。泰：通畅、舒泰。　③铢视轩冕，尘视金玉：把卿大夫的车服看得如同一铢那样轻小，把金玉财货看得像尘土一样微贱。铢：古代重量单位，二十四铢为一两，比喻极轻的重量。轩冕：古代卿大夫所乘的车舆与穿戴的冕服，比喻官位爵禄。金玉：金银玉帛等财货，比喻财富。　④其重无加焉尔：它的（道德充实、身心安健的）重要是没有什么可以超过的。无加：没有超过。加：超过。

陋第三十四

圣人之道，入乎耳，存乎心①，蕴之为德行②，行之为事业③。彼以文辞而已者，陋矣④！

[注释] ①入乎耳，存乎心：耳朵能听得进去，心里能牢牢记住。语出自《荀子・劝学》："君子之学也，入乎耳，着乎心。"　②蕴之为德行：蕴藏涵养圣人之道就成为德行。　③行之为事业：实践推行圣人之道就成为事业。　④彼以文辞而已者，陋矣：那些只是把圣人之道当作华丽的文采和辞藻的人，（而不知道道德和实践，）真是太浅陋了。

拟议第三十五

至诚则动，"动则变，变则化"①。故曰："拟之而后言，议之而后动，拟议以成其变化。②”

[注释] ①至诚则动，“动则变，变则化”：至为真实无妄就会有所行动，有了行动就会发生变化，发生了变化就能教化世人。语可参见《礼记・中庸》：“形则著，著则明，明则动，动则变，变则化。唯天下至诚为能化。”又见《孟子・离娄上》：“是故诚者，天之道也。思诚者，人之道也。至诚而不动者，未之有也。不诚，未有能动者也。”动：行动、实践。变：改变。化：化育、教化。②拟之而后言，议之而后动，拟议以成其变化：（创作《易》的）圣人先譬拟物象然后言明道理，先审议物情然后躬行实践，通过譬拟和审议成就其改变和化育民众的功效。语出自《周易・系辞上》。拟：比拟、譬拟。言：指言明道理。议：审议、商议谋划。

刑第三十六

天以春生万物，止之以秋。物之生也，既成矣，不止则过焉，故得秋以成。圣人之法天，以政养万民，肃之以刑①。民之盛也②，欲动情胜③，利害相攻④，不止则贼灭无伦焉⑤，故得刑以治⑥。情伪微暧，其变千状⑦。苟非中正、明达、果断者，不能治也⑧。《讼卦》曰：“利见大人”⑨，以“刚得中”也⑩。《噬嗑》曰：“利用狱⑪”，以“动而明”也⑫。呜呼！天下之广，主刑者民之司命也⑬。任用可不慎乎⑭！

[注释] ①“天以春生万物”至“肃之以刑”句：上天用春天使万物生长，用秋天使万物生长止息。万物生长，到成熟时，如果不停止就超过了合适的度，所以到了秋天就完成了生命。圣人效法天道，用政事生养民众，用刑罚使民众整饬庄重。语源自董仲舒《春秋繁露・四时之副》：“天之道，春暖以生，夏暑以养，秋凉以杀，冬寒以藏，暖暑清寒，异气而同功，皆天之所以成岁也。

圣人副天之所行以为政，故以庆副暖而当春，以赏副暑而当夏，以罚副凉而当秋，以刑副寒而当冬，庆赏罚刑，异事而同功，皆王者之所以成德也。”梁绍辉认为，周敦颐对董仲舒天人感应的四时四政说进行损益改造，是为了说明刑的由来、必要性和主刑人选择的审慎。止：止息、停止。肃：庄重、整饬。②民之盛也：百姓数量众多。盛：众、多。③欲动情胜：欲望触动，感情超过理性。④利害相攻：因利害冲突互相攻伐争斗。⑤不止则贼灭无伦焉：不加制止就会互相贼杀戕害，以致于伦理丧失。贼：害、杀。无伦：没有伦理。⑥故得刑以治：所以必须用刑罚加以治理。⑦情伪微暧，其变千状：人心真假隐微不明，变化多端。情：真情、实情。伪：虚假、假装。微：隐蔽、隐藏。暧(ài)：态度、用意不明朗。⑧苟非中正、明达、果断者，不能治也：假如不是行为中正不偏、明晓通达事理、行事果决能断的人，是不能治理好的。⑨《讼卦》曰："利见大人"：《讼》的卦辞说：利于出现有道德有作为的人。语见《周易·讼卦》："有孚窒惕，中吉，终凶。利见大人。不利涉大川。"《讼卦》为《周易》第六卦，主要讲争讼之道，告诫人止讼免于争斗的道理。大人：《周易》卦爻辞中的"大人"，多指有道德、有作为并居于高位的人。⑩以"刚得中"也：是因为阳刚前来处于险处而能保持适中。《周易·讼卦》："'讼：有孚窒惕，中吉'，刚来而得中也。"《讼卦》卦象是坎下乾上，下卦第二爻阳爻，居于两阴爻之间，为阳刚得中之象，持中不偏可获吉祥。⑪《噬嗑》曰："利用狱"：《噬嗑》的卦辞说："利于施用刑狱。"语见《周易·噬嗑传》："亨，利用狱。"《噬嗑卦》主要讲施用刑法之道，说明按照正确的原则治狱可获亨通的大旨。⑫以"动而明"也：是因为《噬嗑》的卦象显现了采取行动并且能够明断是非。《噬嗑卦》卦象下震上离，卦形如口中横物，象征"啮合"。《周易·噬嗑传》："颐中有物曰噬嗑。噬嗑而亨，刚柔分，动而明，雷电合而章。柔得中而上行，虽不当位，利用狱也。"动：指上下交相运动而啮合之义，引申为采取行动，施用刑狱。明：能依刚柔之分采取不同的行动，而不会混淆错乱。引申为治狱时明断是非。王弼注："刚柔分动不溷乃明。"⑬主刑者民之司命也：掌管刑狱的人，决定着百姓的生死大权。司命：神名。传说主管人的寿夭和命运。屈原《九歌》中有大司命和少司命。王夫之《楚辞通释》解释说，大司命掌管人的生死，少司命主管人有无后代。这里引申为掌握百姓生杀大权的人。⑭

任用可不慎乎：任用他们时能不慎重吗！

公第三十七

圣人之道，至公而已矣①。或曰："何谓也？"曰："天地至公而已矣。②"

［注释］①圣人之道，至公而已矣：圣人奉行的大道，就是至为公正无私罢了。语可参见刘向《说苑》："《书》曰：'不偏不党，王道荡荡。'言至公也。"圣人之道与其中的"王道"涵义近同。　②天地至公而已矣：天地至为公正罢了。意为天无私覆，地无私载，天道最为公正无私。圣人效法天道，因此也最公正无私。天地公正无私的思想观念，可参见《礼记·孔子闲居》："孔子曰：'天无私覆，地无私载，日月无私照。奉斯三者以劳天下，此之谓三无私。'"《礼记·礼运》："大道之行也，天下为公。"

孔子上第三十八

《春秋》，正王道，明大法也，孔子为后世王者而修也①。乱臣贼子诛死者于前，所以惧生者于后也②。宜乎万世无穷，王祀夫子③，报德报功之无尽焉④。

［注释］①《春秋》，正王道，明大法也，孔子为后世王者而修也：《春秋》的意旨，主要在于端正王道，阐明大法，孔子是为了后世的君王修撰的。《孟子·滕文公下》讲述了孔子编著《春秋》的背景和目的："世衰道微，邪说暴行有作，臣弑其君者有之，子弑其父者有之。孔子惧，作《春秋》。《春秋》，天子之事也。是故孔子曰：'知我者其惟《春秋》乎！罪我者其惟《春秋》乎！'"　②乱臣贼子诛死者于前，所以惧生者于后也：作乱之臣，忤逆之子，（这些不守君臣父子之道的人，）以前已死的对其加以谴责，使那些还活在世上的有所畏惧和收敛。诛：谴责、责问。　③宜乎万世无穷，王祀夫子：千秋万代，乃至没有

穷尽，用帝王的礼仪祭祀孔子，这是多么合适和恰当啊。宜：合适、恰当。王祀：用帝王的礼仪来祭祀。 ④报德报功之无尽焉：报答孔子无尽的大德和功业。报：报答、酬谢。

孔子下第三十九

道德高厚①，教化无穷②，实与天地参而四时同③，其惟孔子乎④！

[注释] ①道德高厚：道德崇高深厚。 ②教化无穷：垂教化育世人，流泽无穷。 ③与天地参而四时同：与天地之道相参配，与四时运行之则相齐同。参：比、并。 ④其惟孔子乎：那就惟有孔子了。

蒙艮第四十

“童蒙求我”①，我正果行②，如筮焉③。筮，叩神也④。再三则渎矣，渎则不告也⑤。“山下出泉”⑥，静而清也⑦。汩则乱，乱不决也⑧。慎哉！其惟“时中”乎⑨！“艮其背”，背非见也⑩。静则止，止非为也，为不止矣⑪。其道也深乎⑫！

[注释] ①童蒙求我：蒙昧无知的孩童向我求教。语出自《周易·蒙卦》：“《蒙》：亨。匪我求童蒙，童蒙求我。初筮告，再三渎，渎则不告。利贞。”《蒙卦》主要讲启蒙授业、传道尊师的道理。 ②我正果行：我用正道、果断的行动去教导他。《周易·乾传》说：“蒙以养正，圣功也。”启蒙孩童是为了培养正道。《周易·蒙卦》说：“山下出泉，蒙；君子以果行育德。”君子以果断的行动来培育美德。 ③如筮焉：（孩童向老师请教，）如同占卜者用蓍草占卜请教神明，神明谕示吉凶，占卜吉凶者根据神明的谕示，果断行事。筮（shì）：用

蓍草占卦。　④筮，叩神也：用蓍草占卜吉凶，是叩问神明的事情。意指向老师求教像叩问神明一样庄重恭敬。叩：叩问、询问。　⑤再三则渎矣，渎则不告也：一而再，再而三地滥问老师，就是对老师的轻慢亵渎，既然轻慢亵渎，老师就不予施教。语出《周易·蒙卦》卦辞。　⑥山下出泉：高山下流出泉水。语出《周易·蒙卦》："山下出泉，蒙。"《蒙卦》卦象为下坎上艮，下坎为水，上艮为山，泉水从高山流出，必将汇成江河，如同孩童蒙昧初开、心智渐增之义。《周易本义》："泉，水之始出者，必行而有渐也。"　⑦静而清也：泉水流出时安静而清澈。比喻孩童求教时的专注和虔诚。　⑧汨则乱，乱不决也：如果（求教时）喧扰就会混乱，混乱就不会有果决进取的行为。汨：乱、扰乱。　⑨慎哉！其惟"时中"乎：谨慎啊！那就是把握适中的时机施行启蒙啊。《周易·蒙卦》之《彖辞》说："蒙亨，以亨行时中也。"　⑩"艮其背"，背非见也：抑止于背后，是为了以避免被察觉。语见《周易·艮卦》："艮其背，不获其身。"《艮卦》卦象上下均为艮，象征"抑止"，卦义主要说明"抑止"人的邪欲，保持正道直行的道理。"艮其背"喻指邪欲出现，应当在其人尚未察觉时加以制止，犹如抑止于背后，则其人看不见邪欲为何物，从而避免为邪欲所害。　⑪静则止，止非为也，为不止矣：静定不动的时候就抑止，抑止的是那些不当的行为，正当的行为，则前行不止。这里化用了《周易·夬传》的语义："《彖》曰：艮，止也。时止则止，时行则行，动静不失其时，其道光明。艮其止，止其所也。""艮"的涵义就是抑止，在应当抑止的时候就抑止，应当行动的时候就行动。或动或静，行为适当而不失时机。《艮卦》蕴含的道理就是抑止要适得其所。周敦颐推衍了《艮卦》之义。　⑫其道也深乎：这其中的道理真是深刻呀。

附录:太极图说

周敦颐

无极而太极。太极动而生阳,动极而静,静而生阴,静极复动。一动一静,互为其根;分阴分阳,两仪立焉。阳变阴合,而生水、火、木、金、土。五气顺布,四时行焉。五行,一阴阳也;阴阳,一太极也;太极,本无极也。五行之生也,各一其性。无极之真,二五之精,妙合而凝。“乾道成男,坤道成女”,二气交感,化生万物。万物生生,而变化无穷焉。惟人也,得其秀而最灵。形既生矣,神发知矣,五性感动,而善恶分,万事出矣。圣人定之以中正仁义,而主静,立人极焉。故“圣人与天地合其德,日月合其明,四时合其序,鬼神合其吉凶”。君子修之吉,小人悖之凶。故曰:“立天之道,曰阴与阳;立地之道,曰柔与刚;立人之道,曰仁与义。”又曰:“原始反终,故知死生之说。”大哉《易》也,斯其至矣!

参考文献

[唐]韩愈撰，马其昶校注，马茂元整理：《韩昌黎文集校注》，上海古籍出版社 1986 年版。

[唐]柳宗元：《柳宗元集》，中华书局 1979 年版。

[唐]李翱：《李文公集》，上海古籍出版社 1993 年版。

[宋]周敦颐：《周子全书》，商务印书馆 1937 年版。

[宋]周敦颐：《周敦颐集》，中华书局 1990 年版(2009 年重印)。

[宋]周敦颐撰，梁绍辉、徐荪铭等校点：《周敦颐集》，岳麓书社 2007 年版。

[宋]周敦颐：《周子通书》，上海古籍出版社 2000 年版。

[宋]周敦颐撰，湖南省濂溪学研究会整理：《元公周先生濂溪集》，岳麓书社 2006 年版。

[宋]张载著，章锡琛点校：《张载集》，中华书局 1978 年版。

[宋]黎靖德编，王星贤点校：《朱子语类》，中华书局 1986 年版。

[宋]胡宏著，吴仁华点校：《胡宏集》，中华书局 1987 年版。

[宋]张栻：《张栻集》，岳麓书社 2010 年版。

[宋]朱熹：《四书章句集注》，新编诸子集成本，中华书局 1983 年版。

[宋]朱熹：《朱文公文集》，商务印书馆 1936 年版。

[宋]程颐、程颢:《二程集》,中华书局1981年版。
[宋]周密撰,王根林校点:《癸辛杂识》,上海古籍出版社2012年版。
[元]脱脱等撰:《宋史》,中华书局1977年版。
[元]马端临:《文献通考》,中华书局1986年版。
[元]苏天爵辑撰:《元朝名臣事略》,中华书局1996年版。
[元]戴良:《九灵山房集》,丛书集成初编本,中华书局1985年版。
[明]周臣编撰,张孙彪校注:《厚生训纂》,中国中医药出版社2016年版。
[清]王夫之:《读四书大全说》,中华书局1975年版。
[清]张廷玉等撰:《明史》,中华书局1974年版。
[清]黄宗羲著,全祖望补修:《宋元学案》,中华书局1986年版。
[清]萧奭:《永宪录》,文海出版社1973年版。
[清]王先谦撰,沈啸寰、王星贤点校:《荀子集解》,中华书局1988年版。
[清]苏舆撰,钟哲点校:《春秋繁露义证》,中华书局1992年版。
曾枣庄、刘琳主编:《全宋文》,上海辞书出版社2006年版。
方健:《范仲淹评传》,南京大学出版社2001年版。
侯外庐、邱汉生、张岂之主编:《宋明理学史》,人民出版社1984年版。
刘永翔、朱幼文校点:《晦庵先生朱文公文集》,上海古籍出版社、安徽教育出版社2002年版。
杨柱才:《道学宗主——周敦颐哲学思想研究》,人民出版社2004年版。
梁绍辉:《周敦颐评传》,南京大学出版社1994年版。
陈来:《宋明理学》,华东师范大学出版社2004年版。
梁绍辉:《太极图说通书义解》,海南出版社、三环出版社1991年版。
黄寿祺、张善文译注:《周易译注》,上海古籍出版社2001年版。
金良年撰:《孟子译注》,上海书店2004年版。
金良年撰:《论语译注》,上海古籍出版社2004年版。
张觉撰:《荀子译注》,上海古籍出版社1995年版。
杨立华:《宋明理学十五讲》,北京大学出版社2015年版。
李晓春:《宋代性二元论研究——兼论理一分殊的体用论是中国哲学的核心思维方式》,中国社会科学出版社2006年版。
孙凡礼点校:《苏轼文集》,中华书局1986年版。
李勇先、王蓉贵校点:《范仲淹全集》,四川大学出版社2009年版。
杨天宇撰:《周礼译注》,上海古籍出版社2004年版。
劳思光:《新编中国哲学史》,广西师范大学出版社2005年版。
韩伟:《宋代乐论研究》,中国社会科学出版社2013年版。
王晚霞校注:《濂溪志八种汇编》,湖南大学出版社2013年版。
《明实录》,"中央研究院"历史语言研究所校印本。
《清实录》,中华书局1986年影印版。
冯天瑜、何晓明、周积明著:《中华文化史》,上海人民出版社2010年版。
蔡德贵、侯拱辰著:《道统文化新编》,山东大学出版社2000年版。
黄心川主编:《东方著名哲学家评传》(韩国卷),山东人民出版社2000年版。
于向东主编:《东方著名哲学家评传》(越南卷),山东人民出版社2000年版。
何成轩:《儒学南传史》,北京大学出版社2000年版。
朱谦之著:《日本的朱子学》,人民出版社2000年版。
[越南]黎贵惇著:《芸台类语》,越南国家图书馆藏抄本。

近期国学读物要目

国学新读本

诗经　梁锡锋　注说
论语　臧知非　注说
尚书　姜建设　注说
国语　曹建国　张玖青　注说
孔子家语　杨朝明　注说
山海经　郑慧生　注说
墨子　苏凤捷　程梅花　注说
孟子　何晓明　周春健　注说
庄子　曹础基　注说
荀子　杨朝明　注说
韩非子　赵　沛　注说
孙子兵法　赵国华　注说
楚辞　李中华　邹福清　注说
潜夫论　王　健　注说
文心雕龙　戚良德　注说

礼记　杨天宇　注说
老子　曹　峰　注说
吕氏春秋　张富祥　注说
商君书　徐　莹　注说
战国策　张彦修　注说
淮南子　杨有礼　注说
春秋繁露　曾振宇　注说
世说新语　赵成林　注说
史通　李振宏　注说

周易　龚留柱　注说
新语　李振宏　注说
新书　徐　莹　注说
新论　臧知非　注说
说苑　赵国华　范正娥　注说
搜神记　王利锁　注说
颜氏家训　郭宝军　注说

文中子　王路曼　池　桢　注说
潜书　池　桢　王路曼　注说
六祖坛经　姚彬彬　注说
韩愈集　刘真伦　岳　珍　注说
柳宗元集　岳　珍　注说
贞观政要　苏士梅　注说
通书　张文瀚　注说
正蒙　李　峰　注说
王弼集　党圣元　注说
欧阳修集　杨　亮　注说
王安石集　张富祥　李玉诚　注说
容斋随笔　张富祥　注说
论语集注　梁振杰　注说
大学中庸集注　梁振杰　注说
孟子集注　赵庆伟　注说
近思录　路新生　注说
传习录　岳淑珍　注说
焚书　李竞艳　注说
明夷待访录　赵轶峰　注说
闲情偶寄　惠　萍　注说
龚自珍集　曹志敏　注说
校邠庐抗议　刘克辉　戴宁淑　注说
劝学篇　马小泉　注说

百年河大国学旧著新刊

河洛方言诠诂　王广庆　著
三统历表　邵瑞彭　著
中国戏剧概论　卢　前　著
晚明思想史散论　嵇文甫　著
论语新探　赵纪彬　著
天问研究　孙作云　著
汉魏六朝文学史　李嘉言　著
金艺文志　金登科记考　万　曼　著
唐集叙录　万　曼　著
中国文学史新编　张长弓　著
汉碑集释　高　文　著
袁中郎研究　任访秋　著
东夷杂考　李白凤　著
宋会要辑稿考校　王云海　著
长江集新校　李嘉言　著

高适岑参选集　高　文　王刘纯　选著
花间集注　华锺彦　著
庆湖遗老诗集校注　王梦隐　著
曾瑞散曲集校注　李春祥　著
辛弃疾选集　佟培基　选著
汉魏六朝韵谱　于安澜　著
毡推闲话　武慕姚　著
中国救荒史　邓云特　著
红学二百年　李春祥　著
文心雕龙选讲　温绎之　著

于安澜书画学四种

画论丛刊
画史丛书
画品丛书
书学名著选

元典文化丛书

中华第一经——《周易》与中国文化　宋会群　苗雪兰　著
教化百科——《诗经》与中国文化　孙克强　张小平　著
经国治民之典——《周礼》与中国文化　郝铁川　著
哲人的智慧——《老子》与中国文化　高秀昌　龚　力　著
圣人箴言录——《论语》与中国文化　李振宏　著
武学圣典——《孙子兵法》与中国文化　龚留柱　著
亚圣思辨录——《孟子》与中国文化　何晓明　著
逍遥之祖——《庄子》与中国文化　白本松　王利锁　著
外王之学——《荀子》与中国文化　张曙光　著
中国帝王术——《韩非子》与中国文化　王宏斌　著
史家绝唱——《史记》与中国文化　邓鸿光　著
诸经总龟——《春秋》与中国文化　涂文学　周德钧　著
管理宝典——《管子》与中国文化　袁　闯　著
纵横家书——《战国策》与中国文化　张彦修　著
人仙之间——《抱朴子》与中国文化　徐仪明　冷天吉　著
医学圣典——《黄帝内经》与中国文化　王庆宪　梁晓珍　著
礼乐渊薮——《礼记》与中国文化　黄宛峰　著
词章之祖——《楚辞》与中国文化　李中华　著
星学宝典——《历书天官书》与中国文化　郑慧生　著
天人衡中——《春秋繁露》与中国文化　曾振宇　范学辉　著
王政全书——《吕氏春秋》与中国文化　张富祥　著
神话之源——《山海经》与中国文化　高有鹏　孟　芳　著

新道鸿烈——《淮南子》与中国文化　杨有礼　著
史家龟鉴——《史通》与中国文化　曾凡英　著
政事纲纪——《尚书》与中国文化　姜建设　著
春秋弦歌——《左传》与中国文化　龚留柱　著
平民理想——《墨子》与中国文化　苏凤捷　程梅花　著
人伦本原——《孝经》与中国文化　臧知非　著
法典之王——《唐律疏议》与中国文化　徐永康　吉霁光　郑　取　著
文论巨典——《文心雕龙》与中国文化　戚良德　著

宋代研究丛书

北宋诗学　张海鸥　著
宋代东京研究　周宝珠　著
宋代地域经济　程民生　著
宋代监察制度　贾玉英　著
宋代官员选任和管理制度　苗书梅　著
宋代地域文化　程民生　著
宋代文学通论　王水照　主编
宋代司法制度　王云海　主编
宋代教育　苗春德　主编
清明上河图与清明上河学　周宝珠　著
宋代文化史　姚瀛艇　主编
黄庭坚与宋代文化　杨庆存　著
宋代交通管理制度研究　曹家齐　著
岳飞和南宋前期政治与军事研究　王曾瑜　著
成圣之道——北宋二程修养工夫论之研究　温伟耀　著
宋代绘画研究　邓乔彬　著

汉语史专书语法研究丛书

《三朝北盟会编》语法研究　刁晏斌　著
《荀子》虚词研究　黄　珊　著
《晏子春秋》词类研究　姚振武　著
《聊斋俚曲》语法研究　冯春田　著
《孟子》词类研究　崔立斌　著
《朱子语类辑略》语法研究　吴福祥　著
敦煌变文12种语法研究　吴福祥　著
《吕氏春秋》句法研究　殷国光　著
《尚书》语法论稿　钱宗武　著
《左传》语法研究　何乐士　著
《元典章·刑部》语法研究　李崇兴　祖生利　著
汉语语法史断代专书比较研究　何乐士　著

图书在版编目(CIP)数据

通书/张文瀚注说. —郑州:河南大学出版社,2018.11
(国学新读本)
ISBN 978-7-5649-3586-3

Ⅰ.①通… Ⅱ.①张 Ⅲ.①古代哲学—中国—宋代 ②《通书》—注释 Ⅳ.①B244.22

中国版本图书馆 CIP 数据核字(2018)第 281385 号

责任编辑 胡玲霞
责任校对 何 新
封面设计 马 龙

出版发行 河南大学出版社
地址:郑州市郑东新区商务外环中华大厦 2401 号 邮编:450046
电话:0371—86059701(营销部) 网址:www.hupress.com
排 版 郑州市今日文教印制有限公司
印 刷 开封智圣印务有限公司
版 次 2018 年 12 月第 1 版 **印 次** 2018 年 12 月第 1 次印刷
开 本 650mm×960mm 1/16 **印 张** 10.25
字 数 124 千字 **定 价** 26.00 元

(本书如有印装质量问题请与河南大学出版社营销部联系调换)